LENGUAJE CORPORAL

Guía para analizar el comportamiento

(Guía ilustrada para entender la comunicación no verbal)

Fritz Ulloa

Publicado Por Daniel Heath

© Fritz Ulloa

Todos los derechos reservados

Lenguaje corporal: Guía para analizar el comportamiento (Guía ilustrada para entender la comunicación no verbal)

ISBN 978-1-989853-21-4

Este documento está orientado a proporcionar información exacta y confiable con respecto al tema y asunto que trata. La publicación se vende con la idea de que el editor no esté obligado a prestar contabilidad, permitida oficialmente, u otros servicios cualificados. Si se necesita asesoramiento, legal o profesional, debería solicitar a una persona con experiencia en la profesión.

Desde una Declaración de Principios aceptada y aprobada tanto por un comité de la American Bar Association (el Colegio de Abogados de Estados Unidos) como por un comité de editores y asociaciones.

No se permite la reproducción, duplicado o transmisión de cualquier parte de este documento en cualquier medio electrónico o formato impreso. Se prohíbe de forma estricta la grabación de esta publicación así como tampoco se permite cualquier almacenamiento de este documento sin permiso escrito del editor. Todos los derechos reservados.

Se establece que la información que contiene este documento es veraz y coherente, ya que cualquier responsabilidad, en términos de falta de atención o de otro tipo, por el uso o abuso de cualquier política, proceso o dirección contenida en este documento será responsabilidad exclusiva y absoluta del lector receptor. Bajo ninguna circunstancia se hará responsable o culpable de forma legal al editor por cualquier reparación, daños o pérdida monetaria debido a la información aquí contenida, ya sea de forma directa o indirectamente.

Los respectivos autores son propietarios de todos los derechos de autor que no están en posesión del editor.

La información aquí contenida se ofrece únicamente con fines informativos y, como tal, es universal. La presentación de la información se realiza sin contrato ni ningún tipo de garantía.

Las marcas registradas utilizadas son sin ningún tipo de consentimiento y la publicación de la marca registrada es sin el permiso o respaldo del propietario de esta. Todas las marcas registradas y demás marcas incluidas en este libro son solo para fines de aclaración y son propiedad de los mismos propietarios, no están afiliadas a este documento.

TABLA DE CONTENIDO

Parte 1 1

Introducción 2

Capítulo 1 7

La Importancia Del Lenguaje Corporal 7

Capítulo 2 14

Gestos Comunes... 14

La Boca *15*
Los Ojos *23*
Contacto Visual.. *28*

Gestos Y Posturas Del Cuerpo Físico.................................. 34

Brazos Y Piernas.. 40

Otros.. 41

Cómo Saber Cuando Alguien Está Mintiendo.................... 44

Abierto Vrs. Cerrado 52

Calentando A Una Persona Con Un Lenguaje Corporal Cerrado.. 61

Capítulo 3 64

Lenguaje Corporal En La Vida Profesional 64

Entrevistas 64

Reuniones... 67

Llamadas De Ventas.. 70

Varios.. 72

Capítulo 4 75

Languaje Corporal En La Vida Personal 75

Reuniones Sociales 75

En La Familia 78

Citas 80

Capítulo 5 84

Lenguaje Corporal En Otros Países 84

Capítulo 6 96

Languaje Corporal Y Emociones 96

Capítulo 7 108

Estableciendo Compenetración.. 108

Capítulo 8 115

Logrando Congruencia 115

Capítulo 9 121

Cómo Enviar Las Señales Correctas 121

Capítulo 10 125

Diferencias Entre El Lenguaje Corporal Y El Género 125

Capítulo 11 131

Uso Incorrecto Del Lenguaje Corporal............................. 131

Capítulo 12 140

La Ciencia Del Lenguaje Corporal 140

Lo Que Esto Significa Para Ti.. 144

Capítulo 13 146

Cinco Mitos Del Lenguaje Corporal Descubiertos 146

El Lenguaje Corporal Es 93% Comunicación.................... 146

Los Mentirosos Nunca Hacen Contacto Visual 147

Los Brazos Cruzados Siempre Significan Resistencia 148

La Dirección De Tus Ojos Está Directamente Relacionada Con La Mentira 151

El Lenguaje Corporal No Es Una Forma Auténtica De Hacer Una Impresión Positiva 152

Capítulo 14 154

Evitar Errores De Interpretación 154

Conclusión 159

Parte 2 162

Introducción 163

Capítulo 1 - ¿Cómo Leer Las "Señales" De Las Otras Personas? 165

Capítulo 2 – Los Fundamentos Para "Reflejar". 182

Capítulo 3 – Negociaciones Y El Lenguaje Corporal 187

Capítulo 4 – Cómo Los Vendedores Usan El Lenguaje Corporal 191

Conclusión 200

Parte 1

Introducción

Quiero agradecerte y felicitarte por descargar este libro.
"

Este libro contiene pasos probados y estrategias de cómo leer el lenguaje corporal y el uso de la información para que te vaya bien en citas, entrevistas y tus interacciones con otras personas. También te enseña a cómo convertirte en el maestro de tu propio lenguaje corporal para que de esta manera tu cuerpo esté en sintonía con lo que tu boca esté diciendo.

Nos comunicamos con nuestra familia, amigos, colegas y extraños cada día. Le hablamos a las personas cara a cara o por el teléfono, escribimos cartas o correos y podemos hablar con personas durante todo el día. Estamos muy orgullosos de nosotros mismos como humanos por haber desarrollado tantos lenguajes complejos con un vocabulario amplio y profundo. Pero las palabras no son la única manera para comunicarse con las demás personas.

El lenguaje corporal del ser humano, la forma en la que nos mantenemos, la manera que nos ponemos de pie y nos movemos, la distintas señales y gestos que usamos e incluso los pequeños gestos sutiles y los movimientos faciales involuntarios son gritos de información para las personas que nos rodean. Incluso cuando estamos completamente callados, nuestro cuerpo está hablando por nosotros. Cuando le mentimos a alguien, sea cual sea la razón, nuestro cuerpo usualmente está revelando la verdad.

Esta información es recibida por los demás a nivel subconsciente. Algunas personas son mejores en leer esta información incluso sin estar consciente de esto. A ellos les gusta llamarlo intuición o sensación de la tripa. ¿Alguna vez has sentido que alguna persona no era digno de confianza incluso cuando la persona no te haya dado ninguna razón para creer esto? Si tu respuesta es sí, entonces ese era tu subconsciente leyendo el lenguaje corporal de esa persona. Por alguna razón sus palabras no concordaban con su lenguaje corporal y por esta razón te fue difícil confiar en ella. Podrías haber pensado que no estaban dando la "vibra" correcta o algo así, pero fue simplemente su lenguaje corporal lo que los delató.

Esta comunicación no verbal está sucediendo todo el tiempo sin que nos demos cuenta.Imagina lo poderoso que serías si pudieras comenzar a acceder a este flujo de información. Aprender a leer el lenguaje corporal no es tan difícil.Muchas profesiones como lo son la de los policías, RH, políticos y actores, dependen de ser buenos leyendo el lenguaje corporal. Una vez que aprendes a leer el lenguaje corporal de otras personas, también puedes aprender a controlar tu propio lenguaje corporal para que puedas controlar lo que dice tu cuerpo.

Está claro que se puede ganar mucho poder aprendiendo el lenguaje corporal, pero ¿cómo lo hace? Hay toneladas de libros de lenguaje corporal que discuten cada gesto en detalle. Pero eso es como aprender todas las palabras en un idioma sin aprender a formar oraciones. En este libro, tomaré un enfoque ligeramente diferente que debería ayudarte a aprender el lenguaje corporal mucho más rápido.

Incluso si no estás en algunas de las profesiones mencionadas anteriormente, hay mucho que ganar aprendiendo el lenguaje corporal. Como siempre nos estamos comunicando con este lenguaje, tiene sentido que lo aprendamos. Te ayudará a navegar el complejo laberinto social del mundo de hoy con facilidad y tambieén a cultivar relaciones sólidas y evitar las malas. Te ayudará a conocer personas que genuinamente estén interesadas en ti. Te ayudará a leer cuando tu cita esté yendo bien y cuando sea un completo fracaso. Todo esto y más te espera en este libro, así que ¡Continúa leyendo!

Gracias nuevamente por descargar este libro. ¡Espero que lo disfrutes!

Capítulo 1
La Importancia del Lenguaje Corporal

En el reino animal, hay mucha comunicación por medio del lenguaje corporal. Aparte de el pequeño vocabulario de sonidos que los animales pueden producir, posición del cuerpo, gestos faciales, contacto visual e incluso el color de la piel es usado para que los animales se puedan comunicar entre ellos. Los animales no tienen que aprender este idioma, ya que es instintivo y está pre-programado en sus cerebros.

Debajo de todas la capas de poliester y algodón, nosotros también somos monos muy inteligentes. Hemos desarrollado la habilidad de unir sonidos en palabras y palabras en oraciones, y esto nos ha dado el poder de comunicarnos a un nivel de detalle inaudito en cualquier otra especie animal. Es a través de estas palabras que estoy escribiendo que tu puedes entender exactamente que quiero decir incluso cuando nosotros nunca nos hayamos conocido y estemos separados por largos trozos de tiempo y espacio! Pero detrás de todas estas palabras y lenguajes, nosotros todavía usamos nuestro lenguaje corporal para comunicarnos con las ideas más básicas entre nosotros.

En cierta manera, el lenguaje corporal es el primer lenguaje de cada ser humano. Es nuestra verdadera lengua madre y ha sido programada en nuestros cerebros. Tenemos la abilidad de entender el lenguaje corporal instintivamente. Esto nos afecta en dos maneras primarias:

1. En primer lugar, cuando alguien nos habla, escuchamos sus palabras y nuestro cerebro le da sentido al lenguaje, pero nuestra mente

subconsciente también está leyendo su lenguaje corporal y nuestros instintos nos hablan sobre el verdadero significado de la comunicación. El único problema es que no prestamos mucha atención a estos instintos y solo nos centramos en las palabras.

2. En segundo lugar, cuando estamos hablando con otra personas, lo mismo está sucediendo a la inversa. Entonces, si estamos tratando de usar nuestras palabras para dibujar una imagen determinada, nuestro lenguaje corporal también está dibujando una imagen propia. Si estamos siendo honestos, estas fotos serán las mismas. Pero si estamos mintiendo, por cualquier razón, nuestro lenguaje corporal revelará la verdad. Una vez más, la otra persona puede o no escuchar sus instintos, razón por la cual a veces nos salimos con la mentira y otras no.

Las mujeres son mejores escuchando sus instintos y por esto son mejores atrapando una mentira. Pregunta a cualquier esposo si necesitas una confirmación de ello. Esto no quiere decir que necesites convertirte más instintivo para entender el lenguaje corporal. También puedes aprender conscientemente nuestro primer idioma y convertirte en un experto en leer a otras personas.

Aquellos que trabajan en un trabajo, donde tienen que tomar muchas entrevistas, se convierten lentamente en expertos en lenguaje corporal. Ellos aprenden conscientemente a leer varias señales del lenguaje corporal y ponerlos junto con las palabras del entrevistado para descubrir la verdad. Los policías y los detectives que interrogan a los delincuentes también son buenos para reconocer el lenguaje corporal. Los políticos son buenos en cambiar su propio lenguaje corporal y generar confianza en medio de las personas, incluso cuando sus verdaderos motivos son a veces egoístas. Los actores aprenden leer el lenguaje corporal de diferentes tipos de personajes y utilizan este conocimiento al retratar a un personaje en particular. Pueden tener esto como una habilidad instintiva o pueden haber pasado algún tiempo aprendiendo conscientemente el lenguaje corporal.

Estas son algunas de la profesiones que se benefician de una manera un poco obvia de la habilidad de entender el lenguaje corporal. Pero todos pueden beneficiarse aprendiendo el lenguaje corporal, no solo en su vida profesional, sino también en su vida personal. Debido a que muy pocas personas aprenden a entender conscientemente el lenguaje corporal, puede darle una gran ventaja sobre los demás.

•Tú puedes entender lo que otros están comunicando verdaderamente. Esto te ayudará a permanecer clarode las personas manipuladoras y mentirosas, mejorar tus habilidades comunicativas, ser mejor oyente y construir confianza en tu habilidad para juzgar y confiar en las personas.

- Puedes aprender a controlar tu propio lenguaje corporal para que tu cuerpo diga exactamente lo que dicen tus palabras. Algunas personas piensan que si quieres controlar tu lenguaje corporal y cambiarlo para adaptarlo a tus palabras, entonces estás tratando de ser manipulador. La verdad es que tener esta capacidad para controlar tu lenguaje corporal puede usarse correctamente en muchas situaciones sin ser manipulador. Al final, si no eres una persona manipuladora, aprender el lenguaje corporal no te convertirá en uno.
- La mayor ventaja, y la menos conocida, de aprender el lenguaje corporal es que existe una correlación bidireccional entre nuestro lenguaje corporal y cómo nos sentimos. Por ejemplo, si nos sentimos mal, el cuerpo automaticamente se volverá flojo, nuestros hombros se hundirán y nuestra cabeza y nuestra mirada bajarán e incluso podremos cruzar los brazos frente a nuestro pecho en una

postura defensiva y tratar de encogernos en una bolita porque nos sentimos muy pequeños y sin importania. La buena noticia es que los estudios han demostrado que si adoptamos una postura poderosa y segura incluso cuando nos sentimos mal, podemos alterar la forma en que nos sentimos hasta que podamos llegar a ser confiados y positivos.

Antes de discutir cómo usar el lenguaje corporal en distintas situaciones, primero dediquemos un capítulo a la comprensión de los gestos y posiciones más básicas.

Capítulo 2
Gestos Comunes

Hay ciertos gestos comunes que forman parte de nuestro lenguaje corporal y todos los conocemos y entendemos. Los gestos como sonreír y fruncir el ceño se entienden universalmente, a pesar de las barreras culturales o lingüísticas. Estos gestos básicos no son más que lenguaje corporal. No necesitas que te diga lo que significa una sonrisa y un ceño fruncido. Estos gestos son, de hecho, tan comunes que los usamos en el momento justo.

Podemos fingir una sonrisa en el momento que queramos. Esto también significa que su importancia para decirnos la verdad sobre el hablante ha disminuido. Las personas pueden sonreír con sus caras con la misma facilidad con que pueden mentir con sus palabras. Por eso necesitamos ir más allá de los gestos básicos para llegar a la verdad. Pero solo por el hecho de ser exhaustivo, aquí hay una lista de algunos de los gestos más comunes:

La Boca

La boca puede decirte mucho de una persona en términos de lenguaje corporal. Hay muchos gestos distintos o posturas que tal vez veas y los siguientes son los que deberías de prestar atención si estás tratando de evaluar el lenguaje corporal de una persona:

- Sonreír

Quizás el gesto más común de todos, la sonrisa es una de las más grandes señales de lenguaje corporal, pero puede ser malinterpretada. La mayoría de las personas sonríe porque son felices, pero otras lo usan como una forma de sarcasmo o cinismo. Si bien generalmente puedes saber si una sonrisa es feliz, hay otras que también deberías buscar.

Una sonrisa tensa tiende a significar que la sonrisa es cortés y también es la más fácil de falsificar. Puede significar miedo, cortesía, timidez, reserva o podría ser enmascarar los verdaderos sentimientos de una persona. Sea como sea, se clasifica como una sonrisa secreta.

Una sonrisa engreída suele ser representada por los labios apretados y un lado hacia arriba. Por lo general, es un signo de arrogancia, autosatisfacción o superioridad, pero también puede ser un signo de despido, duda o ridículo. Por el lado positivo, en la situación correcta, también puede ser un signo de coqueteo o juego.

Una media sonrisa es similar a la sonrisa engreída, pero es un poco más ambigua en su significado. También es asimétrica en lugar de desequilibrada y tiene varios significados. Podría significar sarcasmo, superioridad o extrema confianza. También puede significar timidez, o puede ser porque la persona no es ni feliz ni triste. Generalmente se ve como una sonrisa cansada, que no está del todo completa.

Una sonrisa de boca abierta no siempre es una sonrisa feliz. Las personas genuinamente felices mostrarán sus dientes cuando sonríen, pero una sonrisa abierta, una que parece congelada generalmente es falsa. Sin embargo, puede inculcar un sentimiento de confianza y felicidad, una verdadera actitud despreocupada y se considera una buena forma de usar incluso si no es una verdadera sonrisa.

• Sonríe para expresar alegría

• Morderse el labio

Morderse el labio bajo podría indicar sentimientos de inseguridad, preocupación, e incluso miedo. Las personas que exhiben este tipo de señal corporal lo harán en cualquier situación predecible. Si se acompaña de ojos abiertos y una ceja levantada, también podría indicar que la persona está preocupada por que se le rechace o se le censure como lo haría un niño. Morderse el labio también puedeindicar que la persona que miente está estresada o que una persona está tratando de detenerse o detenerla de decir algo que ellos quizás no deberían.

Además de ser una acción reconfortante, morderse el labio puede ser una acción de supresión, ya que una persona se está impidiendo decir algo.

- Labios Partidos

Los labios ligeramente separados son generalmente una señal de coqueteo, especialmente si la persona también se lame los labios, más si mira a otra persona al mismo tiempo. Una separación de los labios es también la primer etapa del habla y podría indicar que una persona tiene algo que decir.

- Labios Fruncidos

Los labios fruncidos, los que se sacan de todas direcciones, generalmente indican tensión, desaprobación o incluso frustración. También son uno de los signos de la ira, especialmente la ira reprimida. Fruncir los labios es una forma de evitar decir algo y también podría ser una indicación de que una persona está mintiendo o siendo liberal con la verdad. Fruncir los labios es una indicación de que una persona está pensando y tomando una decisión entre varias opciones. Todos estos son vistos como acciones evaluativas y esa es la razón común para frenar los labios.

- Chuparse los Labios

Chuparse los labios, cuando la parte roja está oculta, generalmente indica un pensador o incertidumbre, posiblemente malas noticias. También puede indicar que se está suprimiendo el habla, una persona que se impide decir algo que sabe que probablemente debería decir. También es un indicador de desaprobación o mentira.

- **Labios Aplanados**

Los labios aplanados son aquellos que se mantienen horizontales pero se comprimen en forma plana. Esto es una exageración de cerrar los labios, de ahí la expresión "presión de labios" o "presión de los labios". Podría indicar un deseo de decir algo, pero mantenerlo reprimido o desaprobado. También puede ser un indicador de frustración, angustia o incluso negarse a comer algo, ya sea por puro asco u otra cosa.

- **Labios Levantados**

Si las esquinas de los labios están levantadas, hay dos razones posibles: disgusto o placer. Si el aspecto general es plano y tenso, es probable que sea repugnante, mientras que si los ojos sonríen y toda la cara está relajada, entonces es placer. Si una sonrisa no incluye el ojo, a menudo es falsa, tal vez alguien que intenta expresar que está contento pero que, en realidad, siente todo lo contrario.

- **Labios Bajos**

Cuando las esquinas de la boca bajan, generalmente indican que una persona está triste o no está contenta con algo. Dicho esto, algunas personas generalmente miran de esta manera todo el tiempo, principalmente porque nunca son felices y muestran esta expresión tan a menudo que sus bocas tienden a establecerse en este estado de forma natural.

- Labios Retraídos

Los labios retraídos son aquellos que se retiran, exponiendo los dientes. Esto podría ser una sonrisa amplia o podría ser un indicador de agresión. La única forma de saber realmente cuál es mirar los ojos: en una sonrisa, los ojos se arrugan en las esquinas, mientras que, en una mirada agresiva, los ojos son estrechos o fijos.

- **Labios en Movimiento**

Una persona que mueve sus labios sin hablar suele pensar en decir algo, formar las palabras antes de que realmente las diga. Es un movimiento subconsciente y, a menudo, se ve gente que lo hace mientras lee. Si la boca se mueve hacia arriba y hacia abajo, puede indicar que la persona está masticando el interior de su montura, lo que indica nerviosismo.

- **Labios Crispados**

Los labios que se crispan suelen estar indicados por movimientos pequeños pero rápidos de la boca y tienden a indicar los pensamientos internos de una persona. Un ejemplo es una sola contracción, lo que indica que una persona no te cree, o es un cínico. Los mentirosos tienden a mostrar este tipo de contracciones subconscientemente.

- **Labios Sobresalientes**

Usualmente indicado por el labio superior es empujado hacia afuera sobre el labio inferior, esto podría estar vinculado a una persona que se muerde el labio inferior, lo que comúnmente se ve como un indicador de culpa. Si el labio inferior sobresale sobre el labio superior, puede verse como incertidumbre, o una persona que muestra una petulancia infantil y está de mal humor. Si se sacan ambos labios, es un signo de duda y, si la persona tiene un dedo tocando los labios, es una indicación de que están pensando, tal vez considerando decir algo pero no esté listo para hacerlo.

- Fruncir el Ceño

Un ceño fruncido generalmente se manifiesta por una curva abierta hacia abajo de la boca, junto con un surco de la frente, uniendo las cejas y arrugando la frente. Los ojos suelen estar estrechados al mismo tiempo. Un ceño fruncido generalmente indica disgusto, preocupación, tristeza o confusión, aunque también puede significar una concentración profunda.

- Fruncir el Ceño para expresar ira

Los Ojos

Los ojos a menudo se conocen como "las ventanas del alma" y hay una buena razón para esto. Los ojos hablan mucho, incluso cuando una persona no se da cuenta y puede enviar varias señales diferentes. Por esta razón, cuando estás leyendo el lenguaje corporal, también debes leer los ojos al mismo tiempo que otras señales, ya que a menudo dicen la verdad, donde otra señal puede no serlo.

- **Ver hacia arriba**

Si los ojos y / o la cara de una persona están levantados, normalmente es un indicador de que están pensando, posiblemente incluso imaginando cosas en su cabeza. Podrían estar recordando palabras que hayan preparado, especialmente si dan una presentación o un discurso. Si miran hacia arriba y hacia la izquierda significa que están recordando recuerdos y mirar hacia la derecha puede indicar que están imaginando una reconstrucción de algo, esto puede indicar que alguien está mintiendo o preparándose para mentir. Sin embargo, puede quedar atrapado: un mentiroso experimentado puede revertir estas acciones y la única manera de saberlo es hacerles una pregunta que les haga recordar hechos.

Mirar hacia arriba también es un indicador de aburrimiento, una persona que busca algo más interesante para enfocarse. Si se baja la cabeza y los ojos miran hacia arriba, es una acción sugerente o tímida, generalmente en el caso de la atracción. Sin embargo, si se combina con el ceño fruncido, también puede indicar que la persona está juzgando.

- Ver hacia abajo

Mientras que se mira a una persona a los ojos es una señal de dominio y poder, mirar hacia abajo a menudo se ve como un signo de sumisión, especialmente si la persona también inclina la cabeza hacia atrás. Mirar a la izquierda mientras se mira hacia abajo indica que una persona se está hablando a sí misma, posiblemente con un movimiento de los labios. Si están mirando hacia la derecha, podría indicar una pelea interna o que están lidiando con sus emociones. En una cultura donde el contacto visual se considera dominante o grosero, una persona a menudo mirará hacia abajo para indicar respeto cuando habla con otra persona.

- Ver a los lados

Debido a que la mayor parte de nuestro campo de visión es horizontal, si una persona mira de lado, está evitando mirar lo que está por delante o podría estar mirando algo que le ha distraído. Una mirada de reojo puede verse como una distracción o puede ser una señal de irritación. Mirar a la izquierda puede indicar que una persona está recordando un sonido mientras mira a la derecha se ve como imaginar o escuchar el sonido. De nuevo, esto puede revertirse.

- Movimientos Laterales

Las personas que mueven sus ojos rápidamente de un lado a otro a menudo son vistos como maliciosos o como mentirosos. Es como si estuvieran buscando una salida en caso de que los atrapen. También puede ser un indicador de conspiración, casi como si estuvieran comprobando si alguien los está escuchando. Si una persona está imaginando una imagen y visualizándola visualmente en su mente, sus ojos también se moverán de un lado a otro.

• Mirar

Si miras directamente a algo oa alguien, eso indica un interés y puede obligar a otros a mirar de la misma manera que tú. Una mirada normal está al nivel de los ojos o puede estar justo encima de ella y puede estar fuera de foco. Es importante ver a dónde van los ojos cuando miran algo o alguien.

Si una persona mira a otra, directamente a los ojos, podría ser un indicador de amor, si los ojos se mueven hacia abajo sobre su cuerpo, podría ser lujuria. Si observa la boca de una persona, podría estar indicando que quiere besarla. Si miras hacia arriba y hacia abajo sobre una persona, generalmente la estás evaluando, ya sea como amigo o como enemigo. Esto podría verse como un insulto y puede indicar una posición de predominio presumida. Si una persona mira a la frente o lejos, indica desinterés total, posiblemente incluso aburrimiento, un interés y puede obligar a otros a mirar de la misma manera que tú.

Si bien los mentirosos tienden a seguir mirando hacia otro lado, también pueden mirarte fijamente durante largos períodos, casi como si te estuvieran desafiando a no creerlos. Al mismo tiempo, también están revisando su lenguaje corporal para ver si se han detectado sus mentiras.

- Echar un Vistazo

Una mirada rápida a algo puede indicar el deseo, ya sea para una persona u objeto. Si mira hacia la puerta, podría ser un indicador de que está buscando una ruta de escape. Mirar a una persona puede indicar un deseo de hablar con ella o puede ser una señal de preocupación cuando se dice algo molesto sobre esa persona. Una mirada combinada con las cejas levantadas puede indicar deseo o atracción, mientras que, si la ceja no está levantada, podría indicar desaprobación.

Contacto Visual

El contacto visual es una forma de

comunicación, muy poderosa y se puede decir mucho sin hablar realmente con una persona, de la misma forma en que se hace contacto visual. Puede mostrar dominio, atracción, o afecto.

- Ojos de Gacela

Por lo general, un indicador del deseo sexual, una persona que hace ojos de gacela tiene ojos suaves y ligeramente desenfocados, y los músculos alrededor del ojo también estarán relajados.

- Contacto directo con los ojos

El contacto directo con los ojos indica a una persona que sabes que está allí y que puede estar interesada. Si mira directamente a los ojos de otra persona, también puede saber dónde está mirando y, si está mirando hacia otro lado cuando alguien dice algo y luego hace contacto visual, eso indica que su atención ha sido captada.

- Romper con el contacto visual

Si alguien mira a otra persona con contacto visual directo durante un período prolongado, puede verse como una amenaza, por lo que, durante una conversación, las personas tienden a romper el contacto visual con frecuencia. También puede indicar que lo que se acaba de decir es insultante o que una persona acaba de pensar algo que podría causar incomodidad interna. Hacer contacto visual directo, romperlo y reconectarlo es un signo de flirteo.

• Contacto visual prolongado

Hacer contacto visual por más tiempo de lo que se considera normal puede tener varios significados. El contacto visual tiende a ser más prolongado cuando escuchamos atentamente a alguien o prestamos mucha atención. También indica que te gusta la persona que estás mirando y, si se combina con sonrisas y ojos de gacela, se considera una atracción. Si se mantiene el contacto visual prolongado sin parpadear, lo que a menudo se denomina "mirar fijamente a una persona hacia abajo", puede indicar agresión o dominio, especialmente si la cara no se mueve.

- Contacto visual limitado

Si una persona hace un contacto visual muy limitado, podría indicar profundos sentimientos de inseguridad o podría ser una indicación de que una persona está mintiendo y no quiere ser descubierta.

- Mirar

Mirar fijamente se indica con los ojos muy abiertos y la falta de parpadeo y, a menudo, indica un interés en algo o alguien. Si mira fijamente a una persona, puede indicar incredibilidad o conmoción. Si los ojos están desenfocados y una persona parece estar mirando fijamente, están dentro de sus propias cabezas y es posible que no estén mirando nada. Si una persona abre los ojos de par en par y comienza con un hechizo corto, puede indicar sorpresa.

- Entrecerrar los ojos

El entrecerrar los ojos, o un estrechamiento de los ojos, indica incertidumbre, evaluación o podría ser que la persona necesita ver algo más claro: entrecerrar los ojos restringe las pupilas para que pueda ver más detalles. La gente también entrecierra los ojos ante la luz brillante.

• Parpadear

El parpadeo es natural; todos lo hacemos involuntariamente como una forma de mantener los ojos limpios. El estrés puede ser indicado por un parpadeo mucho más rápido y esto puede ser una señal de un mentiroso. El parpadeo también se ve como un signo de relación y dos personas que están conectadas pueden parpadear al mismo tiempo. Si una persona está escuchando atentamente, solo parpadeará cuando haya una pausa en el habla. Un solo parpadeo puede indicar sorpresa, una acción de incredibilidad y parpadeo rápido es vista como un signo de arrogancia: bloquea la visión y podría ser una persona que dice que es tan poderosa e importante, no necesitan ni desean verte.

- Boca abierta y ojos abiertos para expresar shock. Este gesto suele ir acompañado de la mano cubriendo la boca.

Gestos y Posturas del Cuerpo Físico

Algunas de las señales más obvias del lenguaje corporal son aquellas que incluyen gestos físicos y posturas. Sin embargo, una cosa de la que debemos tener cuidado al leer el lenguaje corporal es que algunas cosas tienen significados completamente diferentes entre culturas diferentes.

Manos

Las manos contienen 27 huesos y son una de las partes más expresivas de nuestro cuerpo, la segunda mejor fuente de lenguaje corporal: la cara es lo primero.

• Sostener

Una persona que toma su mano con fuerza generalmente indica posesión, fuerza y propiedad, aunque también puede ser un signo de extrema confianza. Si una persona sostiene su propia mano, tiende a significar un deseo de consuelo, mientras que un retorcimiento de las manos indica nerviosismo. Sin embargo, también puede indicar un signo de ira, una forma de evitar atacar a otro.

Los brazos doblados indican relajación pero, si las manos se sostienen del brazo opuesto, puede indicar un grado de restricción e irritación. Las manos sostenidas detrás de la espalda indican una naturaleza abierta y segura, pero también puede ser para ocultar las manos que muestran signos de tensión o nervios.

Ver ambas manos juntas también puede regalar bastante. Si una mano se aprieta en un puño, indica enojo, pero si la otra mano lo retiene, indica enojo contenido. Los mentirosos también intentan ocultar sus manos y, a veces, ocultan una detrás de la otra o ambas detrás de la espalda.

Ambas manos apretadas en el frente, de una manera relajada con los pulgares apuntando hacia arriba, indican placer, posiblemente por algo que se les ha dado o que se ha dicho.

• Saludo

Las manos son la forma más utilizada de lenguaje corporal para saludar y cómo se usan pueden decirle mucho sobre una persona. Estrechar la mano es la forma más común y hay varias formas diferentes. Si una persona da la mano con la mano en la parte superior, con un agarre fuerte o de manera prolongada, especialmente mientras sostiene a la persona con la otra mano, esto indica dominio.

El afecto se puede mostrar de la misma manera, pero generalmente se acompaña de una sonrisa contagiosa y entusiasta. El problema viene cuando las personas dominantes pretenden ser amigables, pero una mirada a los ojos debería poder decirle si una persona es genuinamente cariñosa o no. Un apretón de manos hecho con la palma hacia arriba, de manera flexible, una mano pegajosa y una retirada rápida indica sumisión, aunque también podrían ser nervios.

- Cortar y Golpear

Movimientos cortantes y llamativos generalmente indican agresión de algún formato. Un corte lateral, con la palma hacia abajo, es una indicación de que una persona quiere que otros dejen de hacer lo que están haciendo, un golpe breve hacia el lado también indica un "no" en una conversación. Las acciones de corte también pueden indicar indecisión.

Las manos pueden usarse para golpear con la palma abierta o cerrada en un puño. Dos manos apretadas en puños indican un enojo extremo y generalmente es una invitación a pelear. Las dos manos hacia adentro también indican un grado de tensión.

Si una persona tiene su mano cerrada en un puño y se mueve, aunque sea ligeramente, hacia otra persona, esto indica agresión. Agitar el puño también indica agresión y el deseo de atacar mientras golpea el aire con un puño indica emoción y triunfo.

- Cubrir

Las manos que se usan para cubrir la cara u otras partes del cuerpo pueden indicar varias cosas diferentes. Las obvias son las manos sobre los oídos, lo que indica que una persona no quiere escuchar algo, o las manos sobre los ojos, evitando que vean algo. Sin embargo, las manos sobre los ojos mientras se sacude la cabeza indica incredulidad. Si las manos están sobre la boca cuando alguien está hablando, podría ser un indicador de mentira o incertidumbre. Las manos que cubren el cuello y la boca generalmente ocultan otros signos reveladores, como sonrojarse y tragar, y también son una forma de evitar que las manos den otras señales.

- Preguntar

Si las palmas están hacia arriba, es un gesto de súplica y las palmas hacia abajo generalmente indican un deseo de calmar una situación o persona. Las palmas hacia arriba, a veces con un ángulo de 45 ° y hacia adentro, indican un gesto llamativo, mientras que las palmas presionan un signo de ansiedad y súplica, especialmente si los dedos están hacia arriba o hacia afuera.

- Frotar

Frotar las manos juntas indica alegría (o que una persona tiene frío). Cuando esto se hace lentamente, puede indicar que una persona cree que se beneficiará a costa de otra persona. Observe si hay ojos desenfocados y pequeñas sonrisas. Masajear o frotar las manos puede indicar estrés o tensión al frotarse la cara, generalmente la barbilla, indica que una persona está pensando en algo o evaluando una situación.

- Pensar

En general, si todos los dedos se presionan hacia arriba o los índices apuntan hacia arriba y el resto de los dedos están entrelazados, indica un pensador. También puede indicar un profundo sentimiento de confianza y superioridad. Otra versión de una posición de pensamiento es una mano que sostiene la cabeza y el dedo índice de la otra por el lado de la cara o sobre la boca. Esto también puede indicar que una persona aún no está lista para hablar. O todos los dedos podrían estar entrelazados y debajo de la barbilla. Las manos apretadas, mantenidas a un lado del cuerpo, son una indicación de que una persona quiere decir algo pero se está restringiendo porque aún no está lista para hablar.

Brazos y Piernas

Los movimientos de brazos y piernas son indicadores útiles de los sentimientos y pensamientos de una persona. La posición de los brazos y / o piernas normalmente le dirá si una persona está a la defensiva, relajada o confiable y cuál es su mentalidad emocional.

• Los brazos cruzados indican que una persona está a la defensiva, cerrándose a sí misma o protegiéndose. Las piernas cruzadas indican lo mismo, así como la necesidad de privacidad.

• Las manos en las caderas hacen que una persona se vea más grande de lo que es, lo que indica una sensación de agresión o una persona que está en control de todo lo que la rodea, o cree que lo es.

• Las manos juntas detrás de la espalda indican una sensación de aburrimiento, ira o incluso ansiedad.

• La inquietud o el uso constante de las manos o los pies indican aburrimiento, frustración, impaciencia y, en algunos casos, también ira.

- Un hombro encogiéndose de hombros junto con una cabeza inclinada, las palmas abiertas, las cejas levantadas y los extremos de la boca girados hacia abajo dice: "No sé" o "No entiendo". En esta imagen, los extremos de la boca están hacia arriba porque este gesto se combina con una sonrisa. En el lenguaje corporal, muy rara vez se puede obtener un solo gesto por sí solo y, por lo tanto, aparece como un grupo de gestos.

Otros

- Mover la cabeza hacia arriba y hacia abajo normalmente significa que una persona está diciendo que sí, y sacudir la cabeza significa que no. Sin embargo, hay ciertas culturas donde estos dos movimientos de cabeza tienen el significado opuesto.

- Golpear la palma de la mano en la frente mientras se baja la cabeza, cerrar los ojos y, a veces, sacudir la cabeza de lado a lado significa "no puedo creerlo" o "qué error tan estúpido". Curiosamente, "cara-palma" es la palabra que ahora utilizamos para expresar esta emoción en nuestra comunicación en línea basada en texto, lo que significa lo mismo.

- Pulgar hacia arriba es un signo universal para mostrar que estás bien o que estás de acuerdo con la otra persona. En ciertas culturas, el pulgar hacia arriba con un tirón rápido hacia arriba es un signo ofensivo que dice "quítate". Este gesto es tan universal que Facebook, YouTube y otros sitios usan el pulgar hacia arriba para el botón Me gusta. Y así, el símbolo de los pulgares hacia abajo, significa no gustar.

- Otro símbolo relacionado es el signo OK con el dedo índice unido con el pulgar para formar una O y el resto de los dedos ligeramente extendidos para formar una K. Esto también muestra aprobación o acuerdo.

Cómo Saber Cuando Alguien Está Mintiendo

Mentir causa estrés debido a la disonancia cognitiva, o la tendencia a sentir incomodidad cuando tienes información conflictiva en tu mente. Puedes saber si alguien te está engañando buscando indicaciones de estrés.

Los signos comunes de mentir son bastante fáciles de detectar y ya debes saber la mayoría de ellos. La mayoría de los mentirosos expertos se entrenan para no mostrar ninguno de estos signos. Así que estas señales son útiles solo cuando se habla con niños o con alguien que no está acostumbrado a mentir. Sin embargo, incluso los mentirosos experimentados a veces dejan escapar su cobertura cuando están cansados o distraídos.

• Micro-expresiones: son expresiones faciales que aparecen brevemente pero se reemplazan por algo completamente diferente. Si sospechas que alguien no está siendo honesto contigo, observa su rostro atentamente. Es probable que las emociones verdaderas salgan a la superficie, pero él o ella las reprimirá rápidamente. Presta atención para que puedas capturar estas señales diminutas.

• Cara de póker: algunos mentirosos saben que sus movimientos faciales pueden revelar motivos ocultos. Evitarán ser leídos por ser inexpresivos. Irónicamente, esto también es una clara señal de que te están ocultando algo. Las personas que no tienen nada que ocultar suelen tener movimientos faciales.

• Parpadeo rápido: los pensamientos de una persona corren a medida que intentan crear una historia que no esté basada en hechos reales. Esto hace que sus ojos también parpadeen rápidamente.

- La mano sobre la boca es la forma en que la mente subconsciente trata de evitar que las palabras engañosas escapen de la boca. Este gesto es muy común en los niños que literalmente se tapan la boca justo después de decir una mentira. Pero verás que la mayoría de los otros gestos relacionados con la mentira son versiones sofisticadas de este mismo gesto.

- Dejar que los dedos rozen la boca o las comisuras de los labios son pistas de que la persona está teniendo problemas con lo que está diciendo. Estas son señales de que lo que se dice no es completamente cierto. En algunos casos, un puño cerrado intenta cubrir la boca.

- Poner un dedo en la boca puede parecer

seductor, pero en realidad puede ser un intento juvenil para tranquilizarse y no mentir. Morderse las uñas también puede ser un intento subconsciente de abstenerse de hablar.

- Tocar o acariciar la nariz se ve más en los adolescentes y adultos que instintivamente se van por la boca para decir una mentira, pero en el último minuto eligen simplemente acariciar su nariz para evitar ser demasiado obvios. Cuando alguien realmente tiene picazón en la nariz, descubrirá que se rascan vigorosamente y pasan algo de tiempo haciéndolo, pero cuando alguien está mintiendo es solo un ligero toque en la nariz.

- Frotar el ojo, combinado con desviar la mirada y mirar hacia abajo es otro signo de alguien que está mintiendo. Los ojos también se pueden estrechar. Esta es la versión de la mente subconsciente de "no veas el mal". Los hombres usan este gesto más que las mujeres, principalmente porque las mujeres no se frotan los ojos porque no quieren mancharse el maquillaje.
- Frotar la oreja es un gesto relacionado y no es utilizado por el hablante sino por el oyente, lo que indica que cree que el hablante miente. Es un intento de cubrir la oreja para evitar que la mentira entre en la oreja.
- Calmar a la nariz es uno de los métodos menos obvios para encubrir una mentira. La mentira causa estrés, lo que provoca la liberación de sustancias químicas que hacen que el revestimiento de la nariz se hinche. Esto desencadena una acción mano a nariz, como tocar, frotar, pellizcar o jalar la nariz. Es posible que note que las fosas nasales están enrojecidas.

- Rascarse el cuello, justo debajo o detrás de la oreja, es otra señal que muestra que el oyente no está de acuerdo con lo que está diciendo. Este signo no necesariamente indica que piensen que estás mintiendo, sino que piensan que estás equivocado.
- Tirar del collar también puede significar que la persona está mintiendo. Sin embargo, también puede significar que está enojado o agitado.
- Aclararse la garganta puede ser un intento de bloquear simbólicamente el hecho de que se escuchen palabras deshonestas. También puede ser una forma de liberarse de la incomodidad de mentir o suprimir lo que se necesita decir. La ansiedad hace que los músculos de la garganta se contraigan para que la voz suene más alta o más débil de lo normal.
- Sonrisas falsas: las sonrisas verdaderas afectan a los músculos de los ojos. Fingir una sonrisa es un intento de apaciguar a aquellos a quienes se les está mintiendo. Las sonrisas

deshonestas son abruptas y con los labios apretados. No levantan las esquinas de los ojos.
- Piernas y pies inquietos: los movimientos de la parte inferior del cuerpo son generalmente más difíciles de controlar que los movimientos de la parte superior del cuerpo. Tenga cuidado con la inquietud en las extremidades inferiores porque pueden revelar deshonestidad. Una persona deshonesta puede caminar, balancear sus piernas hacia adelante y hacia atrás, o dejar que sus pies hagan pequeños movimientos. Si sus dedos son visibles, observe si tiemblan. Estos movimientos significan el deseo oculto de la persona de escapar.
- Falta de movimientos de las manos: los procesos de pensamiento de una persona están naturalmente vinculados a sus gestos. Si una persona está tratando de presentar información de manera controlada, también puede controlar cómo se mueven sus brazos y manos. Las manos pueden esconderse

en los bolsillos o mantenerse ocupadas sosteniendo o tocando un objeto. También pueden estar completamente quietos como si la persona no quisiera revelar nada más de lo que él / ella decida decir.
- Postura corporal defensiva: si parece que la persona está protegiendo su cuerpo al cruzar los brazos o cruzar las piernas, puede significar que algo lo está haciendo sentir incómodo. Si la persona está hablando, él o ella podría estar mintiendo. Si él o ella está en silencio o hablando lentamente, puede estar ocultando información importante. El cuerpo de la persona también puede volverse rígido para evitar revelar la verdad.
- Comportamiento extraño: los mentirosos pueden estar conscientes de las señales que revelan la deshonestidad. Podrían intentar cubrir sus huellas evitando las acciones mencionadas anteriormente. Para esto, es mejor si sabes cómo actúa normalmente la persona. Si él / ella

comienza a actuar de manera extraña, es posible que no sea bueno para nada.

Abierto vrs. Cerrado

El último tema que se incluye en los gestos básicos del lenguaje corporal es la diferencia entre un lenguaje corporal abierto y uno cerrado. Esto resulta útil cuando se habla uno a uno con alguien porque, si puede ver que se están cerrando, entonces no tiene sentido intentar convencerlos porque ya han tomado una decisión. Si puede hacer que cambien al lenguaje corporal abierto, entonces podrían obtener lo que está diciendo. Puedes hacer esto construyendo relaciones (más sobre esto más adelante).

- El gesto cerrado más común es

cruzar los brazos delante del pecho. Muestra negatividad y una actitud defensiva. La persona está literalmente tratando de poner un escudo entre usted y ellos mismos. En esta posición, la persona está completamente cerrada y no aceptará lo que está tratando de decir. También puede significar que él o ella está en un modo protector y cauteloso; Si logra que él o ella se relajen, aumentará sus posibilidades de ser escuchado.

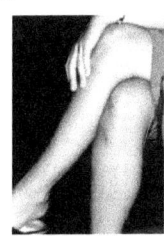

- Cruzar las piernas es otro gesto que coincide con el gesto de brazos cruzados. Debido a que las piernas cruzadas ocultan los genitales, expresa simbólicamente un deseo de privacidad. Si alguien tiene ambas piernas y brazos cruzados, entonces te están desafiando.

Puedes olvidarte de hacer entender tu punto. Debe hacer que se sientan más cómodos y que se abran antes de poder hablar con ellos.

- Cuando una persona está encorvada, puede sentirse tímida, triste o fatigada. Estas condiciones implican debilidad, por lo que su postura general parecerá que se están reduciendo. También hay ocasiones en que las personas deliberadamente se hacen más pequeñas manteniendo los brazos y las piernas cerca de sus cuerpos, y doblando sus cabezas. Estos se hacen generalmente para evitar la atención no deseada o para pedir disculpas por hacer algo inconveniente para los demás. Un individuo que pasa entre dos personas que están hablando entre sí, a menudo se queda atrás.

- Colocar objetos entre usted y la otra persona es otra forma de lenguaje corporal cerrado. Una persona que hace esto tiene miedo de algo y es posible que no confíe en usted por completo. Si desea generar confianza, mantenga limpio el espacio entre usted y la otra persona. Esto le dice a usted / ella que usted no está a la defensiva en su presencia, por lo que él / ella estará inclinado a sentir lo mismo por usted.

- Ten en cuenta que un lenguaje corporal cerrado no siempre significa rechazo o actitud defensiva. La fatiga puede hacer que una persona se apoye cruzando los brazos y las piernas, y el frío hace que uno se acurruque para calentarse. Debe considerar otros factores antes de concluir que una persona lo está rechazando por completo.

- Por otro lado, si alguien te está hablando con los brazos abiertos y con las palmas hacia ti, puedes creer que están siendo completamente abiertos y honestos contigo, siempre que otras cosas lo confirmen. Un lenguaje corporal abierto puede significar otras cosas como hostilidad (exponer el cuerpo de uno a un oponente indica que no es una amenaza para la persona) o suplicar (los brazos abiertos que llegan a otras personas son una solicitud de ayuda). Verifica el resto del lenguaje corporal de la persona para confirmar lo que realmente está pasando en su mente.

- Mientras hablas, debes usar un lenguaje de cuerpo abierto cuando desees crear confianza con el oyente. Los estudios revelan que las personas con brazos y piernas sin cruzar son escuchadas más que aquellas con extremidades cruzadas. El gesto de brazos abiertos podría haberse desarrollado a partir del hombre de las cavernas que pudo haber mostrado sus palmas para demostrar que no llevaban armas. Las palmas abiertas hoy son un signo universal de confianza y es por eso que también se usa para prestar juramento. Sin embargo, recuerde que las palmas están idealmente hacia arriba. Las palmas orientadas hacia abajo significandominio.

- Estar de pie con las manos sobre los costados, justo por encima de las caderas, es un gesto abierto que también se conoce como una postura de poder. En esta postura, eres positivo y listo para cualquier cosa. Estar de pie en esta posición de poder durante unos minutos realmente puede llenarte de confianza y energía positiva. Usa este gesto cuando quieras mostrar que estás al mando y control total. Sin embargo, ten cuidado de no hacer esto frente a tus superiores. Podrían interpretar esto como un movimiento para dominar sobre ellos. Esto es mejor reservado para iguales o subordinados, o si está solo.

- Otra postura de poder es levantar los brazos por encima de la cabeza para que formen una letra V grande. Hacer esto aumenta tu sensación de bienestar y te hace sentir más seguro de ti mismo.

- Estar de pie o sentado con la espalda recta indica atención y confianza. También puede implicar sutilmente que la persona está sana, por lo tanto, su columna vertebral está alineada correctamente y no se está encorvando de incomodidad. Esta es la razón por la cual una postura adecuada aumenta el atractivo: la buena salud está diseñada por la naturaleza para que sea deseable.

- Al estar de pie, equilibra tu peso de manera uniforme entre tus pies. No los juntes a menos que tengas la intención de parecer sumiso. No permitas que sus dedos apunten hacia adentro, ya que esto puede hacer que te caigas y te veas incómodo. Coloca tus pies separados a la altura de la cadera para una mayor estabilidad.

- Cuando estés sentado, inclínate

hacia atrás en el asiento y coloca los pies planos sobre el piso. Si eres bajo y tus pies no se estiran, avanza en tu silla hasta que toquen el suelo. Mantén tus piernas y pies quietos y relajados.

- Al igual que los pensamientos y emociones afectan el lenguaje corporal, los movimientos físicos también pueden influir en los estados internos. Si quieres sentirte más seguro, endereza la espalda, libera la tensión de los hombros y descorre tus brazos y piernas.

Calentando a Una Persona con un Lenguaje Corporal Cerrado

Como se mencionó anteriormente, el lenguaje corporal cerrado puede indicar resistencia. Las siguientes técnicas ayudarán a cambiar la actitud de alguien que posiblemente se esté resistiendo a ti.
Utiliza las técnicas de construcción de relaciones. La compenetración baja las barrerasen las personas. Lee el capítulo sobre Estableciendo Compenetración para más información.

Elimina las barreras. No pongas muebles y otros artículos entre los dos. Si puedes eliminarlos, hazlo. Si no bloquea la vista de la persona, le permite ver que no tiene armas con usted para que no tenga que estar en guardia. También le dices a tu subconsciente que no te estás protegiendo porque no estás esperando una pelea.

Mantén tu lenguaje corporal abierto. Los experimentos sociales han demostrado que un lenguaje corporal abierto es más eficaz para generar confianza y construir credibilidad.

Haz que sostengan algo. Las manos son muy expresivas. Si la persona lo rechaza, es probable que sus manos estén ocultas o cerradas. Sin embargo, lo bueno del lenguaje corporal es que si cambia las acciones de la persona, también cambia su actitud. Dale a la persona defensiva un objeto que pueda sostener o manipular. También puede pedirle a la persona que le pase algo. Esto evita que sus manos asuman una posición de vigilancia, por lo que también puede sentirse menos a la defensiva. También le da una razón para interactuar con usted. Aparte de eso, dar a una persona algo prepara al subconsciente para devolver algo, como la confianza y la atención.

Cópialos primero y luego haz que te copien a ti. La similitud crea una sensación de seguridad. Refleja y combina su posición corporal cerrada y sus gestos. Apoya esto con otras técnicas de comunicación. Es posible que imiten tus gestos una vez que se hayan vuelto más receptivos a ti. Cuando note que están imitando sus acciones, cambia a una posición de cuerpo abierto.

Siempre procura la sutileza cuando haces maniobras del lenguaje corporal. El subconsciente de la persona ya está prestando atención a su lenguaje corporal, no lo hagas demasiado obvio como para comprometer su mente consciente también. En su lugar, haz que la persona se concentre en las palabras que estás diciendo. Enfócate en hacer que él / ella se sienta cómodo. Cuando construyes una relación generando emociones positivas, ya no necesitarás hacer trucos como reflejar y emparejar.

Con estos gestos básicos en mente, ahora podemos pasar a examinar nuestra vida profesional y personal y las situaciones en las que podemos usar el lenguaje corporal.

Capítulo 3
Lenguaje Corporal en la Vida Profesional

En tu vida profesional, hay muchas situaciones en donde el conocimiento del lenguaje corporal puede venir de la mano. Vamos a hablar de estas situaciones.

Entrevistas

• En el último capítulo, hablamos sobre la pose de poder de estar de pie con las manos en las caderas. Antes de acudir a cualquier entrevista, debes usar esta postura para aumentar la confianza y aliviar los nervios. Párate frente al espejo con la espalda recta, el pecho hacia afuera y el estómago hacia adentro. Mire derecho y manténgase en posición abierta con los pies separados a la altura de los hombros y las manos al costado de las caderas. Sonríe y di a ti mismo cuánta confianza tienes.

- A muchos entrevistadores les gusta comenzar con un apretón de manos porque los apretones de manos pueden decir mucho sobre una persona. Se usan tres posiciones básicas de palma en apretones de manos. Agitar las manos con la palma de la mano hacia abajo es un apretón de manos dominante. La palma hacia arriba es un apretón de manos sumiso. El mejor enfoque es estrechar la mano con la palma hacia los lados. Este es un apretón de manos neutral y por lo tanto más apropiado para una entrevista.
- Su apretón de manos también debe ser firme y seguro. El uso de un apretón de manos descuidado, llamado "el pez muerto", muestra falta de confianza e interés. Por otro lado, si su apretón de manos es demasiado firme o un "quebrador de nudillos", muestra que es agresivo y arrogante.

- Cuando te sientas, debes recordar no formar una postura cerrada cruzando los brazos o las piernas. Siéntate cómodamente con una postura abierta que demuestre confianza. Nunca cierres los brazos frente a tu pecho. Esto demuestra que tienes confianza y no intentas esconderte detrás de un escudo.

- Si tienes que cruzar las piernas, usa la posición americana con el pie apoyado sobre la otra rodilla. Pero recuerda que aunque esta posición es más segura, el entrevistador también puede tomarla como arrogancia o falta de respeto.

- Por último, presta atención a los gestos que utiliza tu entrevistador, ya que puede darte una pista sobre cómo va la entrevista. Si el entrevistador aprieta sus manos frente a ellos, entonces no es una buena señal ya que este es un gesto negativo y defensivo. Muestra frustración y, en la situación de una entrevista, significa claramente que la entrevista no va demasiado bien. Trate de dar mejores respuestas y si puede hacer que se aflojen las manos, es posible que pueda cambiar la entrevista.

Reuniones

En el lugar de trabajo, pasarás mucho tiempo en reuniones, por lo que es útil comprender ciertas posturas y gestos para usar durante las reuniones.

- Cuando alguien más está hablando, usa el puño para mostrar que estás interesado en lo que se está diciendo. El puño debe descansar alto hacia el templo.

- Nunca uses el gesto palma contra mejilla porque muestra aburrimiento. Los estudiantes sentados en una clase aburrida usan el gesto cara a palma y pueden conducir rápidamente a la somnolencia. Están literalmente usando su palma para sostener su cabeza.

- Cuando hable, presta atención al lenguaje corporal de los demás para evaluar cómo va su presentación. Si se bajan muchas cabezas, muestra que no les gusta lo que estás diciendo. Este es un gesto de desaprobación.
- Una cabeza recta muestra interés en lo que se dice y un punto de vista neutral.

- Acariciar la barbilla con los dedos mientras el pulgar descansa sobre la mejilla o la barbilla muestra pensamientos profundos y toma de decisiones. Esto significa que lo que estás diciendo está siendo pensado con cierto interés.

- Finalmente, si está en una reunión uno a uno y desea finalizar la reunión, adopte la siguiente postura. Siéntese en el borde del asiento con las manos apoyadas en las rodillas y la espalda ligeramente arqueada hacia adelante, como si estuvieras listo para disparar desde la silla. Esto le da una señal a la otra persona de que está listo para terminar la reunión y desea irse para que terminen las cosas. Esto puede ser útil cuando se trata de personas que tienden a organizar reuniones innecesariamente. También ten cuidado cuando alguien más te esté dando esta señal mientras está hablando. En esta imagen de la Cumbre de Viena, claramente JFK y la Premier de la Unión SoviéticaNikitaKhrushchev están ansiosos por terminar la reunión.

Llamadas de Ventas

Un tipo particular de reunión que es muy importante para cualquier negocio es la llamada de ventas. Ya sea que venda a clientes individuales o clientes comerciales, necesitas saber el siguiente lenguaje corporal.

- Deseas generar interés en el cliente sobre tu producto, así que busca la posición del cabezal inclinado. Si ve este gesto, sabrá que está en el camino correcto.

- Si, por otro lado, tu cliente está recogiendo una pelusa imaginaria y evitando el contacto visual, entonces es probable que ya hayan decidido no comprar y que estén esperando a que deje de hablar para que puedan decir que no.
- Cuando te sientes frente a tu cliente, recuerda sentarte con una postura

abierta y estar atento a los clientes que tienen una postura cerrada defensiva desde el principio.

- Sentarse con las manos detrás de la cabeza y recostarse hacia atrás es una postura segura y superior. Si tu cliente muestra esta postura, significa que no es probable que compren, ya que sienten que ya saben más que usted. Debes evitar usar esta postura frente al cliente, ya que no quieres hacer que se sientan inferiores de ninguna manera.

Varios

En otros entornos de trabajo, como la interacción diaria en la oficina o la reunión de colegas fuera de la oficina, en fiestas, etc., también requerirás el conocimiento del lenguaje corporal.

Una posición común utilizada por las personas dominantes es voltear la silla hacia atrás y sentarse mientras se sienta a horcajadas sobre el respaldo. El respaldo se convierte en un escudo para que la persona se esconda detrás, pero esta es todavía una posición segura y superior porque desde detrás de la seguridad del escudo la persona puede atacarlo y dominarlo. Este gesto se remonta al tiempo en que los hombres luchaban con espadas y escudos.

Para desarmar a una persona, maniobra con mucho tacto para terminar detrás de ella. Como su espalda está abierta, los deja en una posición vulnerable y tienen que dar la vuelta.

Al interactuar con personas en un evento profesional, como una fiesta de trabajo o una conferencia, recuerde permanecer fuera de su espacio personal. La zona territorial real varía de persona a persona, pero una buena regla general es que la zona íntima se encuentra en el arco de la longitud del brazo de la persona. Si está de pie fuera del alcance del brazo, entonces está en la zona personal que puede trabajar con personas que ya conoce, pero que puede ser ofensivo para alguien con quien se reúne por primera vez. En esos momentos, trate de permanecer a una distancia que sea la longitud combinada de sus brazos y sus brazos. Esta es la zona social para la interacción profesional.

Estas ideas te ayudarán en tu vida profesional. En el siguiente capítulo veremos cómo el lenguaje corporal puede mejorar nuestra vida personal.

Capítulo 4
Languaje Corporal en la Vida Personal

El lenguaje personal utilizado en la vida personal es diferente al lenguaje corporal utilizado en tu vida profesional porque las personas están menos a la defensiva y se permiten a ser ellos mismos. También hay muchas posturas que demuestran la intención sexual que son utilizados en la vida personal para demostrar interés en las personas, pero es mejor evitarlos en un entorno profesional

Reuniones Sociales

- Cuando intentas hacer nuevos amigos, una buena técnica para hacer que te gusten es reflejar su lenguaje corporal.

Trata de mantener la misma postura que tienen, pero sin hacerla demasiado obvia. Al reflejar su lenguaje corporal, puedes enviar a su cerebro la señal subconsciente de que eres como ellos. Cuando los mejores amigos se encuentran, puedes observar que terminan imitando las posturas de los demás sin siquiera pensarlo. Algunas aves usan el espejo antes de aparearse, donde ambos compañeros realizarán un baile elegante, combinando los movimientos de cada uno. Esta también podría ser una razón por la cual a las mujeres les gustan los hombres que pueden bailar con ellos y compartir una rutina rítmica con ellos.

- Debes estar atento a las posturas cerradas y abiertas cuando conversas con alguien nuevo. Si se cruzan los brazos o las piernas, la probabilidad de hacer amigos es baja.
- Muchas veces en un ambiente de fiesta, las personas pueden utilizar gestos parcialmente cerrados. Las mujeres son especialmente capaces de

usar sus bolsos u otros objetos, sostenidos contra su pecho como un gesto defensivo. Esto no parece tan desagradable como los brazos cruzados delante del pecho, pero significa lo mismo.
- Los hombres a veces se acariciarán con los gemelos o mangas de la otra mano, formando de esta manera una barrera parcial. Esta es solo una versión menos ofensiva de los brazos cruzados frente al pecho y si ves esto, entonces debes tratar de hacer que esa persona sea un poco más cómoda.
- Una buena manera de averiguar si alguien está interesado en ti es emitir señales sexuales. Una forma de hacerlo es pararte con tus pulgares en el bolsillo de tus jeans o en las hebillas del cinturón. Inclínate un poco hacia atrás y mira directamente a los ojos de la persona. Si su lenguaje corporal permanece abierto, intenta pasarte a su zona íntima. Si aún permanecen abiertos, significa que están tan interesados en ti como tú en ellos. Si en

algún momento su lenguaje corporal se pone a la defensiva, debe salir de su espacio personal y cambiar su lenguaje corporal para que se sientan cómodos.

En la familia

Es posible que sientas que no es necesario usar el lenguaje corporal mientras te comunicas con la familia porque estamos muy cerca de ellos, pero estarías equivocado. El lenguaje corporal puede ayudarte a estar más cerca de tu familia y hacerles saber cuánto les importas y cuanto los amas.

• Al hablar sobre cualquier tema con cualquier miembro de la familia, recuerda prestar atención. Esto significa que no hay televisión, teléfono o computadora como una distracción. Míralos a los ojos y mantén el mayor contacto visual posible. Esto les asegura que les prestas toda tu atención y eso los hace sentir amados. De hecho, el contacto visual adecuado es la mejor herramienta para generar confianza y hacer que alguien sienta que realmente los amas.

• Si estás hablando con alguien, es fácil descubrir cómo se siente con solo mirar sus ojos. Ojos pequeños y brillantes con pupilas contraídas, muestran que no están interesados y que apenas prestan atención. Las pupilas dilatadas grandes significan excitación y acuerdo.

• Al mirar a alguien mientras se habla, también es importante mirar la parte derecha de la cara. Si miras los ojos y la frente, muestra una actitud profesional y seria. Mirar el área entre los ojos y la boca es una mirada más personal y amorosa. Para los amantes, la mirada puede estar en cualquier lugar entre los ojos y el pecho.

Citas

Probablemente la aplicación más importante del lenguaje corporal está en las citas. Si alguna vez te has preguntado por qué tus citas no salen como crees que deberían, quizás sea porque tu cuerpo está diciendo algo más que lo que dicen tus palabras.
- Cuando salgas en una cita, debes de tener cuidado con los rituales de cortejo. Estos son signos y gestos sutiles que te harán saber si has podido impresionar tu cita o no.
- Gestos de cortejo masculino y femenino, incluidas las rutinas de cortejo. Para los hombres, esto podría significar cepillarse la mano con el cabello, alisarse la corbata o ajustarse el abrigo, etc. Para las mujeres, esto incluye principalmente ajustar el cabello, el vestido y el maquillaje. Los

gestos de cortejo también se usan ampliamente en el reino animal. Las aves ofrecerán un espectáculo de colores deslumbrantes, sonidos y movimientos corporales para encontrar pareja. Si visitas un club nocturno para solteros, encontrarás muchos comportamientos similares para impresionar a tus posibles parejas.

- Aparte de la preparación, no hay muchos gestos sutiles que usan los hombres. El resto de sus rituales de cortejo son bastante obvios, como sentarse o pararse con los pies bien separados, inflar el pecho y meter el estómago, mirar profundamente, etc.
- Para las mujeres hay muchos más gestos sutiles que sugieren que están interesados en un hombre. Estos incluyen simplemente acariciar su cabello, cigarrillo, copa de vino o una pluma, mostrando sus muñecas con movimientos de las manos, colgando el zapato de un pie, etc.

- Debido al tipo de vestidos que usan las mujeres, sentarse con las piernas cruzadas puede ser una necesidad y no siempre indica un comportamiento defensivo. Cuando las piernas se cruzan de tal manera que la pierna superior está metida cerca de la inferior, es un signo de atracción.

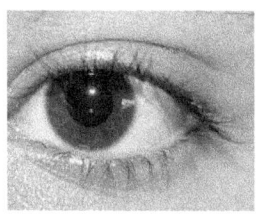

- La señal más segura de descubrir si alguien se siente realmente atraído por ti, tanto en hombres como en mujeres, es mirar sus ojos. Las pupilas dilatadas significan atracción, especialmente si la luz no es demasiado tenue para justificar la dilatación de la pupila. Si la dilatación se acompaña de una mirada prolongada, puedes estar seguro de que la persona se siente atraída hacia ti y que las cosas van bien.

En una cita, debes observar estos signos positivos, pero también debes estar alerta ante cualquier lenguaje corporal negativo o defensivo, como se mencionó en los capítulos anteriores. Eso es una clara indicación de que la cita no va bien y que no debes hacerte ilusiones.

Capítulo 5
Lenguaje Corporal en Otros Países

Si alguna vez has estado en otro país, te asegurarás de que algunos de los lenguajes corporales que utilizas en casa se traducirán de manera diferente a como lo harías en casa. Esto se debe a que existen diferencias culturales entre Estados Unidos y el país que estás visitando y cada grupo de personas verá las cosas de una manera ligeramente diferente. Este capítulo discutirá algunas de las diferencias que pueden ocurrir entre las culturas para mostrar cómo los diferentes grupos van a encontrar significados para la forma en que alguien actúa.

Las diferencias que aparecen en varias culturas estarán presentes en muchas circunstancias diferentes. Esto puede incluir interacciones que ocurren entre diferentes géneros, las interacciones que ocurren entre personas del mismo sexo, la distancia de conversación que debe tener con las personas y la cantidad de contacto físico que se debe permitir en la conversación. Por ejemplo, hay algunas culturas que sienten que el contacto físico es expresivo y lo usan mucho en su país. Podrás encontrar esto en lugares como Italia, donde un beso en cada mejilla y un gran abrazo se consideran aceptables e incluso comunes cuando se trata de saludos. Por otro lado, cuando estés en Japón, encontrarás que un saludo adecuado incluirá una reverencia respetuosa y no habrá ningún contacto.

Las distancias de confort y el espacio personal a menudo están influenciados por la cultura en la que vives o estás visitando. Por ejemplo, los que son de América del Sur verán que sus distancias de comodidad y espacio personal tienden a ser mucho más pequeños que los que espera encontrar en otras culturas. Las personas de estos países se mantendrán juntas cuando estén hablando; realmente no importa si se conocen bien o no. Por otro lado, las personas en los Estados

Unidos valoran un espacio personal más grande y no se sienten tan cómodos cuando los demás están cerca de ellos, especialmente cuando no conocen a la otra persona.

Este tipo de diferencias culturales que se encuentran en el lenguaje corporal a menudo serán las más pronunciadas cuando se trata de interacciones de género. La mayoría de las culturas aún ven al hombre como el género dominante y asumen que el hombre tiene un estatus más alto que el femenino. A menudo, el lenguaje corporal que se utiliza en estas interacciones se reflejará desde este punto de vista. En algunas culturas, es posible que las mujeres deban desviar la vista cuando están en presencia de un hombre, o que se les pida que caminen unos pasos detrás de cualquier hombre con el que estén. Por otro lado, en las culturas occidentales encontrarás que las expectativas de género han cambiado y esto permite que hombres y mujeres compartan un estatus más equitativo cuando se trata de un lenguaje corporal aceptable.

Podrías estar preguntandote por qué estas diferencias en el lenguaje corporal cultural serán tan importantes. Estas diferencias son el resultado directo de cómo la cultura piensa y actúa, por lo que podrá aprender mucho sobre esa cultura mediante el lenguaje corporal expuesto. Si planea visitar un país desconocido, ya sea por placer o por negocios, a menudo es bueno comprender el lenguaje corporal que valoran. Mostrar el tipo incorrecto de lenguaje corporal podría causarle muchos problemas con personas que no están familiarizadas con este estilo de comportamiento. Por ejemplo, si está en un viaje de negocios y usa el lenguaje corporal incorrecto, puede enviar mensajes que perjudicarán el trato que está tratando de hacer realmente rápido. En el mundo de los viajes por placer, el lenguaje corporal equivocado llevará a situaciones hostiles y, a veces, peligrosas.

Un buen ejemplo de esto es en el Medio Oriente. En este escenario, un hombre de negocios tendrá mucho más margen de maniobra en la forma en que hace negocios allí y en el lugar donde puede caminar. También hay más acceso a oportunidades de negocios locales en muchos niveles diferentes. Esto es en comparación con las mujeres, la mayoría de las cuales no pueden hacer negocios en esta área debido a la aversión cultural a la interacción con las mujeres, que a menudo es demasiada para superar, por lo que la mayoría de las empresas evitarán que esto suceda.

Si estás planeando irte de vacaciones a una cultura diferente, puede ser una buena idea prestar atención al lenguaje corporal que se espera en esa área para comprender mejor lo que sucede y ayudarte a evitar cualquier problema. Por ejemplo, si te pierdes en Japón, es más probable que recibas ayuda de un ciudadano si puedes mostrar un lenguaje corporal respetuoso y luego seguir las costumbres locales, como evitar el contacto y quizás respetar que te inclinas cuando pidas ayuda. Si eres grosero o no sigues las costumbres, puede ser difícil obtener el tipo de ayuda que necesitas.

Hay muchas cosas diferentes que puedes considerar cuando miras el lenguaje corporal en los Estados Unidos en comparación con otros países. Algunos de estos incluyen:

• **Contacto Visual**—En los Estados Unidos y Canadá, el contacto visual intermitente es muy importante para demostrar que estás interesado y prestando atención a la otra persona. Por otro lado, en muchas de las culturas de Medio Oriente, el contacto visual intenso que se comparte entre personas del mismo género es un símbolo de sinceridad y confianza, mientras que el contacto visual se produce entre personas de géneros opuestos, especialmente cuando se trata de musulmanes. En las culturas, cualquier cosa que sea más larga que un breve contacto visual se considerará inapropiada. Además, las culturas latinoamericanas, africanas y asiáticas verán el contacto visual prolongado como un desafío y los japoneses ven incluso un poco de contacto visual como algo incómodo. En algunas otras culturas, se espera que una mujer mire hacia abajo cuando está hablando con un hombre.

• **Apretones de Manos**—En las culturas occidentales es aceptable dar la mano como una forma de saludar a otra persona cuando se reúnen. En otras culturas, hay algunas diferencias que pueden sorprenderte. Por ejemplo, muchas culturas del norte de Europa usarán un firme apretón de manos como saludo, mientras que partes de Sudamérica, Centroamérica y el sur de Europa usarán un apretón de manos más largo que se considera más cálido; esto significa que tomarán la mano izquierda y la usarán para sujetar la mano, el codo y, a veces, la solapa de la otra persona. Debes de tener cuidado con el apretón de manos en

Turquía, este tipo de cosas a menudo se considera agresivo y grosero. En algunos países africanos, una forma floja de apretón de manos es la norma. En los países islámicos, un hombre nunca estrechará la mano de una mujer que no sea parte de su familia.

• **Saludos**—En Estados Unidos, hay muchos tipos diferentes de saludos estándar que se pueden utilizar, y muchas personas han aprendido estos saludos desde su infancia. Pero este tipo de saludos no se encontrarán en ningún lugar donde se mire y, a veces, puede confundirse con otra cultura al usarlos en el extranjero. Por ejemplo, si estás en Japón, se esperará que te inclines ante quienes está saludando, mientras que en Italia le darías besos a las personas en la mejilla.

• **Espacio Personal**— Esto se mencionó brevemente anteriormente, pero cada cultura tendrá un significado diferente para el espacio personal. En Estados Unidos, el espacio personal se valora y la mayoría de las personas no quieren tener a otros muy cerca de ellos, especialmente si se acaban de conocer. En China, aquellos que hacen negocios juntos no encontrarían aceptable tener ningún espacio personal en absoluto. Los extraños se van a tocar a menudo cuando están en reuniones llenas de gente.

• **Tocar**—Tocar es otra cosa que varía dependiendo del país en el que se encuentre. Mientras que tocar está bien en Estados Unidos, hay muchas culturas que tendrían reglas sobre cómo debería ocurrir esto. En los países que son islámicos, a un hombre solo se le permite tocar a su esposa. En Inglaterra, Escandinavia y Japón, tocar no es tan frecuente. Las culturas latinas van por el camino opuesto, ya que a menudo se fomenta el contacto físico. A menudo, es mejor seguir el ejemplo al visitar otros países. Deje que las otras personas lo guíen un poco y pronto podrá determinar qué comportamiento es apropiado. Hay ciertos países que no fomentan el contacto con las cabezas de los niños, por ejemplo, así que manténgase alejado de esto a menos que esté seguro de que esto es aceptable.

• **Higiene Personal y Vestimenta**—Lo único que es común entre las culturas es que el cepillado de los dientes suele ser una práctica habitual. De lo contrario, hay muchas diferencias que encontrarás al viajar. En algunas culturas, no se espera que las mujeres se afeiten. Algunas culturas nunca van a usar desodorantes y es posible que no reserven tanto tiempo para bañarse. Debes asegurarte de que cuando vayas a otro país no ofendas a nadie o te ofendas fácilmente.

• **Gestos**—los gestos que realices con tus manos significarán cosas diferentes en diversas partes del mundo. Podrías encontrar que evitar estos gestos es la mejor opción cuando te encuentras en otro país. Si utilizaras un gesto grosero con la mano hacia alguien en un país, es posible que no se den cuenta de lo que estás haciendo y que no se ofendan porque no tiene sentido en su país. En algunas culturas, el dedo del medio se usará como el dedo que apunta por lo que realmente no entenderán lo que estás tratando de hacer. La señal del pulgar hacia arriba es a menudo diferente también. Otras señales que debe tener en cuenta incluyen la señal OK y la colocación de las manos en las caderas. Si no está seguro de que sean reconocidos como educados, entonces es mejor evitar los gestos que puedan causarle ofensa.

Lo que hay que recordar acerca de esto es que cuando se trata de las diferencias en el lenguaje corporal culturalmente, es importante tener un poco de conocimiento de antemano. Esto te permitirá comprender lo que se espera de ti para que puedas disfrutar de tu experiencia en el nuevo país sin causar problemas a los ciudadanos que viven allí.

El siguiente capítulo trata sobre las

emociones, que son comunes en todas las culturas.

Capítulo 6
Languaje Corporal y Emociones

Las emociones tienen un propósito: nos motivan, nos ayudan a tomar decisiones, nos dan su opinión y nos ayudan a relacionarnos con otras personas. Nuestros cuerpos, especialmente nuestros rostros, revelan naturalmente nuestras emociones porque guían cómo los demás se relacionarán con nosotros. Antes de que los humanos hayan inventado el lenguaje hablado, se han basado en señales visuales y se han comunicado mediante acciones. Esto se ha incorporado a nuestra biología, por lo que lo que sentimos dentro se traduce a través de nuestro comportamiento, y podemos decir fácilmente lo que otros sienten al observar cómo se comportan.

Si observas detenidamente, puedes ser capaz de decir lo que siente una persona, incluso si no hay indicadores obvios, como risas o lágrimas. Sin embargo, recuerda que los siguientes indicadores no siempre significan que una persona está sintiendo la emoción específica. También debe considerar la situación, así como lo que la persona está hablando.

Están las emociones básicas:

Amor - El amor es una emoción placentera que mantiene unidas a las personas. Se manifiesta por la atención, los gestos de cuidado y los signos de excitación.

Ira - Esto se siente cuando una persona piensa que está siendo violada de alguna manera, o cuando no puede cumplir una meta. La ira da un impulso de energía que tiene como objetivo ayudar a la persona a alcanzar su objetivo y luchar contra los enemigos. La ira conduce al lenguaje corporal agresivo.

Felicidad - Una persona siente alegría cuando alcanza sus metas y satisface sus necesidades. Esta es la recompensa del cerebro por las cosas buenas que se hacen, y esta emoción agradable fomenta más de las mismas acciones que han creado alegría. Resultado de la felicidad a un lenguaje corporal relajado y abierto.

Miedo - El miedo hace que una persona evite el daño. Ocurre cuando el bienestar de una persona está amenazado, o si existe la posibilidad de que no se satisfagan sus necesidades. El lenguaje corporal defensivo es el resultado de esta emoción.

Sorpresa - Se produce una sorpresa para aumentar la atención de una persona y hacerle recordar un incidente inesperado. Esto hará que esté más preparado para ello cuando vuelva a suceder. Estar sorprendido hace que una persona abra bien los ojos para reunir más información visual, abra la boca y grite para alertar a otras personas, y para saltar hacia atrás para evitar un posible peligro.

Tristeza - La tristeza acompaña la pérdida de algo valioso. Motiva a una persona a proteger a las personas y las cosas que le son queridas. Una persona triste tiene una energía disminuida y se mueve más lentamente. Esto se debe a que la energía se dirige hacia la rumia sobre la pérdida y se desvía de la actividad física.

Otras emociones son variaciones de estas primarias:

El afecto, el anhelo y la lujuria son formas de amor.

El disgusto, la irritación, la frustración, la envidia y la ira están relacionados con la ira.

El orgullo, el optimismo, la satisfacción, la alegría y el alivio son algunas manifestaciones de la felicidad.

El miedo puede expresarse en ansiedad y horror.

La tristeza se puede sentir como agonía, disgusto, decepción, vergüenza, pena y humillación.

Estos son algunos grupos de lenguaje corporal que están asociados con las emociones:

Deseo: ojos abiertos, pupilas dilatadas, rubor, cabeza y cuerpo inclinados hacia la persona o cosa deseada, labios sonrientes o ligeramente separados.

Placer: ojos cerrados (para concentrarse en la sensación) o anchos (para ver más), movimientos lentos, espalda arqueada, extremidades extendidas, cabeza inclinada hacia atrás, respiración rápida.

Afecto: toques suaves, cercanía, abrazos, besos, gestos de protección (como proteger a la otra persona de un agresor).

Amabilidad: permanecer cerca pero respetar el espacio personal, sonreír, abrir el lenguaje corporal, hacer gestos lúdicos como guiños y "choca esos cinco".

Coqueteo: el aseo personal, voltear el cabello, guiñar el ojo, captar la mirada de la otra persona, contacto visual prolongado, tocar, posar como un vaquero (con las manos agarrando el cinturón, o con las manos en las caderas y los dedos apuntando hacia la entrepierna), los pechos sobresalientes (para una mujer), enderezar la espalda, jugar con un objeto cilíndrico, bajar la cabeza mientras mira (para mujeres).

Enojo: ojos grandes que miran fijamente, cejas arqueadas hacia el centro, frente arrugada, barbilla o cabeza sobresaliendo, labios apretados, mandíbula apretada, dientes descubiertos, sonidos de gruñidos, fosas nasales (esto permite que entre más aire a los pulmones durante una pelea), inclinarse hacia adelante, invadiendo el espacio personal de la otra persona, pisando fuerte los pies, agitando los brazos, manos curvadas en puños.

Molestia (una forma leve de ira): ojos en

blanco, ojos entornados, labios apretados, suspiros.

Frustración: sacudir la cabeza, pasar las manos por el cabello, nudillos blancos.

Envidia: mirar fijamente, arrugar la nariz, sacar la barbilla, presionar fuertemente los labios o las esquinas de la boca en forma de caída, cruzar los brazos.

Celos: igual que el anterior pero con lenguaje corporal posesivo (como envolver un brazo alrededor del compañero de la persona o alejarlo del agresor).

Posesión: poner las manos sobre la persona u objeto, pararse en el espacio de alguien, mirar directamente a la persona, alejar a otras personas que se acercan, apretar fuerte con un apretón de manos.

Disgusto: cabeza y ojos que se alejan, desprecio, nariz arrugada, fosas nasales ensanchadas, boca cerrada, labio superior levantado, mostrar la lengua, barbilla hacia delante.

Repugnancia: lenguaje corporal cerrado, poner las manos sobre las orejas, arrastrar movimientos, pellizcar la nariz, girar la cabeza, mirar hacia abajo o hacia los lados, brazos cruzados.

Felicidad: boca sonriente, mejillas levantadas, risas, esquinas arrugadas, cejas ligeramente levantadas.

Alivio: sonreír o boca- boca abajo, cabeza baja, las esquinas interiores de las cejas levantadas con bordes bajos, suspirar.

Entusiasmo: frotar las manos rápidamente (no lentamente: si la persona se frota las manos lentamente, significa que se está aprovechando de otra persona), amplia sonrisa, saltar, reír, gritar, apretones de manos enérgicos.

Diversión: reír, abofetear muslos, aplaudir las manos, pisar fuerte los pies.

Victorioso: puño / s golpeando el aire, levantando la barbilla, gritando alegremente

Miedo: ojos anchos, cejas levantadas, evitar el contacto visual (para evitar agravar a alguien), boca abierta o con las esquinas caídas, cabeza abajo y barbilla metida (para proteger el cuerpo), hombros encorvados, cara y extremidades pálidas, sudoración, sequedad boca y garganta (la persona puede lamerse los labios, beber un vaso de agua, tragar con frecuencia o frotarse la garganta), voz temblorosa, músculos tensos, movimientos bruscos (signos de querer huir), brazos y / o piernas envuelto alrededor de objetos (para ganar apoyo), encogerse, temblar.

Ansiedad: temblor de labio inferior, cejas juntas, mentón arrugado, cabeza inclinada hacia abajo, inquietud (un signo de energía acumulada), ojos que se mueven de lado a lado (para detectar el peligro), respiración rápida.

Abrumado: ojos bien abiertos, palmas de las manos presionadas contra la frente, apoyadas contra una pared, agarrar la silla o la mesa para apoyarse, cubrirse los ojos.

Sorpresa / conmoción: ojos abiertos, cejas levantadas, boca abierta, mentón bajo, cabeza echada hacia atrás o inclinada hacia un lado, saltar hacia atrás, movimientos repentinos, cabeza abofeteada, una mano cubriendo la boca.

Temor (una mezcla de interés, sorpresa y miedo): mirar fijamente, boquiabierto, retroceder, cuerpo rígido.

Tristeza: ojos abatidos, llanto u ojos húmedos, cejas juntas y elevadas hacia el centro de la frente, cabeza abajo, labios temblorosos o caídos, cuerpo encorvado, gestos caídos, voz monótona.

Lástima: ojos húmedos, contacto visual prolongado, cejas juntas, boca caída en las esquinas, cabeza inclinada hacia un lado.

Humillación: sonrojarse, cejas bajas, cabeza y ojos bajos, desviar la mirada, sonrisa falsa (para apaciguar a otros), cubrirse la cara.

Interés: contacto visual sostenido, ojos entrecerrados (enfocados en la persona u objeto), labios sonrientes o presionados levemente, cabeza y / o cuerpo inclinados hacia el objeto de interés, cabeceo lento, inclinación hacia el orador o hacia el objeto / persona que es interesante.

Aburrimiento: mirada evasiva, rostro inexpresivo, cuerpo rígido, labios empujados hacia atrás, cabeza apoyada con una mano, ojos posiblemente mirando a través de los dedos, inquietud (esto revela una necesidad apenas controlada de ir a otro lado), mirar de lejos (ver o imaginar otra cosa que sea más interesante), inquietud, realizar acciones repetitivas, agacharse, apoyarse contra la silla o la pared.

Impaciencia: moverse, suspirar, asentir rápidamente, consultar su reloj.

Pensar: frotar la barbilla, descansar la barbilla en una mano, entrecerrar los ojos, cerrar los labios, juntar las cejas.

Fatiga: bostezar, encorvarse, frotar los ojos, mirar fijamente, suspirar, bajar la cabeza, cruzar los brazos, inclinarse hacia atrás, hacer estiramientos, apretar los dientes, apoyar la cabeza con una mano.

Sospechar: ojos entrecerrados, alzar una ceja, sacudir la cabeza, lenguaje corporal cerrado, sonrisa falsa.

Estas son las emociones que probablemente encontrarás al interactuar con otras personas. El siguiente capítulo te ayudará a crear sentimientos positivos en los demás.

Capítulo 7

Estableciendo Compenetración

Una aplicación valiosa del control del lenguaje corporal es construir una buena relación. La relación es un sentimiento de comprensión mutua y cooperación entre las personas. Les permite confiar entre ellos y comunicarse bien entre ellos.

Estas tres cosas ayudan a construir una buena relación:

- Semejanza
- Confiabilidad
- Empatía

Semejanza

Las personas tienen una tendencia psicológica a querer y confiar en aquellos a quienes ven como similares a ellos mismos. Esto se debe a que las personas no suelen verse a sí mismas como amenazadoras, y si ven que alguien más es como ellas, también lo consideran no amenazador. Además, el cerebro procesa las cosas que se hacen en el cuerpo más fácilmente que las que se producen fuera de él. Si el subconsciente ve a una persona haciendo algo que es similar a lo que ha hecho, considera que la acción proviene de su propia cuenta. Esto hace que la persona se sienta cómoda con ella, incluso sin saber conscientemente por qué.

Recuerda que tu objetivo es el subconsciente y no el consciente. Cuando realices los siguientes métodos descaradamente, la otra persona tomará nota y estará en guardia contra ti. Puede parecer que te estés burlando de él o que está consciente de las estrategias del lenguaje corporal, sabrá que estás tratando de ejercer su influencia. Sé extremadamente sutil.

Aunque no hay mucha similitud entre usted y otra persona, puede engañar a su mente subconsciente para que vea la similitud copiando su lenguaje corporal. Esto se hace a través de dos métodos: reflejar y pareo:

Reflejar

Reflejar es replicar exactamente lo que hace el otro: gestos, tono de voz, postura, posicionamiento, etc. Puedes hacerlo al mismo tiempo que la otra persona o después de un tiempo. Por ejemplo, si enfatizan tus palabras con la palma abierta, tú también haces lo mismo. Si hablan despacio, tú también hablas despacio. Es mejor hacer esto con acciones menos obvias y con moderación, idealmente en los momentos en que deseas que la persona esté de acuerdo contigo, por ejemplo, cuando estás tomando una decisión.

Pareo

Esta es una forma menos obvia de reflejar. Sincroniza tus acciones con ellos pero no copia directamente lo que hacen. Por ejemplo, cuando se acarician la barbilla, te frotas el brazo. Si abren los ojos con sorpresa, te taparás la boca como si estuvieras en shock. Puedes hacer más acciones coincidentes en lugar de reflejar, pero aún tienes que hacer esto sutilmente.

Integridad

La apertura, la confiabilidad y la no agresividad conducen a la confiabilidad. El lenguaje corporal abierto y los movimientos consistentes harán que otras personas te perciban como confiable.

Lenguaje Corporal Abierto

Mantén tu cara y cuerpo relajados. Deja tus palmas abiertas y visibles. Eliminar las barreras del espacio entre usted. Exponer tu cuerpo envía un mensaje de que no está armado y no los ve como una amenaza. Esto envía un mensaje subconsciente de que confías en ellos y no les harás daño, por lo que sentirán lo mismo hacia ti.

Movimientos Consistentes

La gente ama la previsibilidad porque los hace sentir seguros. Mantén tus movimientos lentos y suaves. No hagas gestos sorprendentes a menos que ellos esperen que hagas esto (por ejemplo, cuando estás dando un discurso emocionante o una presentación enérgica). Mantén tu cabeza estable y muévela lo menos posible, esto demuestra que estás atento. Mantén la alineación entre las señales de tu lenguaje corporal y tus palabras.

Empatía

La empatía te hace entender y relacionarte con la situación de alguien más. Esto te facilita la comunicación con él / ella y aumenta las posibilidades de que él / ella le responda positivamente. Finge que la otra persona es tu amigo o alguien con quien te puedes relacionar. Hacer esto bajará tus defensas. La empatía requiere atención. Demuestra que estás interesado inclinando tu cuerpo y dirigiéndote hacia ellos. Hazles saber que estás escuchando basándote en lo que han dicho antes y haciendo preguntas para saber más sobre lo que se ha discutido. Anímalos a que continúen hablando asintiendo y manteniendo contacto visual. No los interrumpas mientras están hablando; en cambio, trata de escuchar más de lo que hablas.

Asociar emociones. Si la persona te cuenta una historia triste, siéntete triste y haz que tu lenguaje corporal muestre eso. Si son felices, también sé alegre. Imagina cómo es estar en su situación. ¿Cómo te gustaría que otras personas reaccionaran contigo? Haz esto por él / ella.

Si la situación lo permite, toca a la otra persona. Los toques físicos son reconfortantes. Crean sentimientos positivos (si no se resisten) y también hacen que las personas presten más atención a lo que está sucediendo. Esto es muy útil a la hora de dar consejos: será más fácil recordar la información cuando se da al tocarla.

Trata a la otra persona con amabilidad. Esto significa hacer cosas buenas y ser respetuoso. Se puede demostrar respeto manteniendo una distancia cómoda con ellos y no haciendo gestos dominantes.

Hasta ahora, hemos abordado cómo descifrar el lenguaje corporal. Los siguientes capítulos tratarán más sobre cómo realizarlos.

Capítulo 8
Logrando Congruencia

La congruencia del lenguaje corporal es la armonía entre los diversos elementos del lenguaje corporal: la postura general, los movimientos de las manos, las expresiones faciales, la calidad de la voz, etc. La mente subconsciente organiza todo esto para expresar la misma idea. Tener pensamientos conflictivos o movimientos que controlan deliberadamente resultará en contradicciones; por ejemplo, una persona puede mantener su rostro inexpresivo, pero el temblor de su voz hace desaparecer su nerviosismo.

Las personas saben instintivamente que los elementos del lenguaje corporal deben ser congruentes entre sí para ser considerados como genuinos. Es así como funciona el lenguaje corporal. La congruencia es importante porque le da más peso a tu mensaje y te hace parecer sincero. Si no demuestras congruencia, la gente pensará que lo estás fingiendo o que estás mintiendo.

El cuerpo tiene más de 600 músculos; la cara tiene 90 músculos y 30 de ellos están dedicados a mostrar emoción. Debido a que hay demasiados, a menudo es difícil controlar conscientemente tus movimientos. Sin embargo, esto no significa que debas renunciar a dominar tu lenguaje corporal. Lo que debes hacer es practicar regularmente para que tus movimientos sean naturales.

Estos son algunos métodos que te ayudarán a mantener las señales de tu lenguaje corporal congruentes entre sí:

Mantén la calma

A menos que desees proyectar que estás agitado, es mejor que mantengas tus emociones bajo control. Lo que sea que sientas en tu interior tiende a filtrarse a través de tus acciones, así que es mejor si tratas con sentimientos fuertes. Presta atención a tu respiración: si estás respirando rápidamente, disminúyela. Así como las emociones controlan la velocidad de su respiración, controlar su respiración también afecta sus sentimientos. Deja de entretener pensamientos que contribuyen a tu inquietud.

Establece un Objetivo y Apégate a él

¿Cuál es el propósito de tu comunicación? ¿Qué mensaje quieres expresar? Antes de interactuar con otras personas, crea un objetivo específico y planea cómo lo lograrás. Si aún tienes tiempo, practica tu rutina mentalmente a través de la imaginación y físicamente realizando las acciones.

Convéncete de tu Mensaje

Lo que sea que esté en tu mente saldrá naturalmente a través de tu lenguaje corporal. Si no estás de acuerdo con lo que estás diciendo, tu boca dirá una cosa, pero tu cuerpo dirá otra. Debes creer en tu mensaje, incluso si no tienes intenciones de aceptar lo que estás a punto de expresar. Esta es la única forma en que tu mente subconsciente no traicionará tus pensamientos en conflicto.

Siente genuinamente tus emociones deseadas. El lenguaje corporal viene en grupos que son movidos por la emoción. Es difícil manipular varios movimientos si no hay una emoción auténtica que los respalde. Hazlo más fácil sintiendo una emoción que sea relevante para tu mensaje. Si eres apático, recuerda los casos en los que sentiste el sentimiento deseado y regresa al momento presente.

No exageres. Incluso si sabes qué expresiones faciales y gestos particulares son apropiados para la situación, no intentes hacerlos todos. Esto te hará parecer teatral. En su lugar, mantén los pensamientos y las emociones que están alineadas con tu mensaje y deja que tu cuerpo reaccione a ellos de forma natural.

Cuando uses los brazos y las manos para enfatizar lo que estás diciendo, realiza el gesto antes de mencionar las palabras que quieres resaltar. Los gestos normalmente vienen antes de las palabras que se refieren a esos gestos. Si lo haces de la otra manera, aparecerá como una idea de último momento o un movimiento artificial.

Presta atención a lo que tu cuerpo está haciendo. Si mantienes pensamientos contradictorios en tu mente, te sentirás tenso y automáticamente realizarás acciones que no están alineadas con tu comportamiento general. Atrápate cuando hagas gestos extraños o sientas incomodidad. ¿Cuál es la idea detrás de esto? Haz algo sobre el conflicto interno para que no afecte tu lenguaje corporal.

Obsérvate y evalúa tus actuaciones. Regístrate practicando tus habilidades de lenguaje corporal e interactuando con personas en situaciones de la vida real.

Comprueba si tus movimientos son naturales o forzados. Toma nota de las acciones que no se ven bien y recuerda no hacerlas la próxima vez. Puedes pedirle a alguien que te ayude con esto; él o ella puede ser capaz de captar los detalles que tu pasas por alto.

Capítulo 9

Cómo Enviar las Señales Correctas

Para ahora, ya has aprendido muchos gestos y señales del lenguaje corporal diferentes. Ponerlas en contexto con las situaciones de la vida real debería haberte ayudado a comprenderlas mejor.

En cada situación, hay dos aspectos del lenguaje corporal; uno es estudiar el lenguaje corporal de los demás y el segundo es controlar tu propio lenguaje corporal. Recordar ambas cosas no es fácil de hacer porque cuando estamos absortos en una conversación o una situación, nuestro lenguaje corporal pasa al piloto automático y habla por sí solo. Con un poco de práctica, aún puedes aprender a enviar las señales correctas en el momento adecuado. Aquí hay algunos consejos para aprender el lenguaje corporal.

- El primer paso es observar el lenguaje corporal. Este libro solo ha tocado las diferentes posturas y gestos utilizados por las personas en diferentes situaciones, pero puede explorar cada gesto mucho más profundamente. Hay innumerables versiones de cada gesto y dependerá del individuo en cuanto a qué tan fuerte o sutil sea su lenguaje corporal. También busca grupos de gestos, ya que no es frecuente que obtenga un solo gesto solo.

- Para observar el lenguaje corporal, puedes observar personas en la vida real u observar actores en la televisión y en las películas. Solo silencia el volumen para que no te distraigas con sus palabras. Concéntrese en la postura, las expresiones faciales y los gestos y trata de distinguir lo que se dice a través del lenguaje corporal. Te puedes sorprender de lo preciso que eres.

- Una vez que seas bueno para leer el lenguaje corporal como un observador distante, luego debes comenzar a observar mientras es parte de la conversación. Esto es más difícil porque tiendes a involucrarte en la conversación y olvidas prestar atención al lenguaje corporal. Con la práctica, puedes ser bastante bueno en eso. Incluso si te resulta difícil mantenerte informado durante una conversación, puedes beneficiarte al ser bueno observando el lenguaje corporal desde lejos, ya que así aumentarás tu vocabulario subconsciente de los gestos del lenguaje corporal.

• El siguiente paso es comenzar a prestar atención a tu propio lenguaje corporal. Esto es lo más difícil de hacer porque no puedes verte a ti mismo como un observador distante. Es posible que durante una conversación particular hayas adoptado la postura cerrada defensiva.
Una vez que te das cuenta del cambio, puedes concentrarte deliberadamente en cambiarlo. Encontrarás que al cambiar tu

lenguaje corporal también puedes cambiar tu actitud mental.

• También puedes practicar el lenguaje corporal para eventos específicos, como entrevistas o una reunión importante o una fecha. Párate frente a un espejo e imagina que estás en el evento y observa cómo te sientes y te sientas. Practica posturas y gestos positivos y abiertos.

• El último consejo es dedicar al menos 15 minutos al día a estudiar el lenguaje corporal. Es una habilidad que debe desarrollarse con una práctica constante, así que hágala todos los días.

Siguiendo estos consejos y trabajando en sus habilidades de lenguaje corporal de manera regular, puede comenzar a dominar este idioma. Encontrarás que eres mucho más intuitivo y capaz de decir cuando alguien está tratando de mentirte o engañarte. Esto te ayudará a salir adelante en tu vida profesional y personal.

Capítulo 10

Diferencias entre el Lenguaje Corporal y el Género

No solo encontrarás que hay diferencias entre cómo se usa el lenguaje corporal en diferentes culturas; también habrá algunas diferencias en la forma en que se usa entre hombres y mujeres. Cada cultura ha descrito los diferentes requisitos que tiene tanto para hombres como para mujeres, y estos se mostrarán en la forma en que estos grupos interactúan y en cómo pueden usar su propio cuerpo para una herramienta en el lenguaje. Si bien hay algunas personas que afirman que estas diferencias son solo una parte de un estereotipo y que no son realmente importantes, ha habido muchas investigaciones que demuestran que estas diferencias están realmente presentes y son muy reconocidas como típicas de ambos sexos. Este capítulo hablará sobre algunas de las diferencias que puede encontrar entre los dos géneros.

Hay dos formas en que la diferencia entre el lenguaje corporal se manifestará entre hombres y mujeres. Esto incluiría las diferencias en los comportamientos de los dos géneros, así como cualquier diferencia que pueda ocurrir en la razón que controla su comportamiento. Algunas de estas diferencias van a ocurrir debido a la naturaleza; lo que significa que están programados en el género específico desde el nacimiento. A los niños y las niñas se les enseña a comportarse de diferentes maneras. Otras diferencias no estaban presentes al nacer y se aprenderán a través de la experiencia. Estos son los que aparecen en diferentes culturas y se aprenderán desde la infancia.

Un ejemplo de esto es cuando una mujer tiene más probabilidades de mostrar comportamientos de crianza, dejar que sus sentimientos salgan, y mostrar las emociones que están sintiendo. Por otro lado, es más probable que los hombres muestren comportamientos de asertividad, dominio y poder. En este mundo moderno, estas tendencias generales están sujetas a una variabilidad mucho mayor que en años pasados. Esto se debe al hecho de que hay más aceptación y comodidad con cada género que puede mostrar diferentes rasgos del lenguaje corporal.

A pesar de esta libertad que se está haciendo evidente en el lenguaje corporal de los demás, todavía habrá algunas diferencias generales que ocurren entre hombres y mujeres. En este momento hay dos que son las más comunes. Estos incluirían:

• Diferencias en los mensajes recibidos: las mujeres suelen ser mejores para ver y recibir los mensajes del lenguaje corporal que se les envían, especialmente cuando se trata de darse cuenta y ver que hay inconsistencias entre el lenguaje verbal y el lenguaje corporal.

- Diferencias en el envío de mensajes: los hombres tienden a ser menos hábiles en el uso del lenguaje corporal de una manera sutil para influir en la comunicación sin que parezca que lo están haciendo a propósito.

Hay razones probadas por las que estas diferencias estarían presentes en hombres y mujeres. Por ejemplo, una de estas razones es que las mujeres pueden procesar un mensaje usando hasta 16 partes del cerebro al mismo tiempo. Por otro lado, los hombres solo pueden procesar este mismo mensaje utilizando de seis a siete partes diferentes del cerebro al mismo tiempo. Esto significa que la mujer puede obtener más del mensaje recibido que el hombre, incluso si han recibido el mismo mensaje. Ninguno de los dos géneros es mejor que el otro, pero cada uno de los diferentes patrones de procesamiento influirá en el envío y la recepción de mensajes según su género.

Al igual que con muchas de las otras cosas que se dividen en líneas de género, las diferencias en el lenguaje corporal que ocurren entre mujeres y hombres solo deben usarse como pautas generales. Estas no son necesariamente la forma exacta en que todo va a funcionar en el mundo real. Es solo una generalización de lo que las personas esperan y es fácil para la mayoría de las personas no cumplir con estas expectativas en algún momento. Solo deben utilizarse como punto de partida para que pueda participar en interacciones y luego pasar por todo el proceso de creación de confianza, establecer una buena relación, etc. Estos son solo el punto de partida porque comprender e interpretar el lenguaje corporal requerirá mucha observación y la capacidad de conocer las características de los demás.

Tener una mayor comprensión y conocimiento de estas diferencias también ayudará bastante evitando las diferentes interpretaciones del lenguaje corporal y cuando ocurran estas malas interpretaciones, podrás resolver cualquier malentendido y posible conflicto. Lo importante para recordar con esto es que siempre debes ser respetuoso con las diferencias en otras personas y nunca menospreciar ni juzgar a los demás en función de sus problemas de lenguaje corporal. Esto lo mantendrá más abiertos y ayudará a asegurarse de que se reciban y envíen los mensajes correctos.

Capítulo 11
Uso Incorrecto del Lenguaje Corporal

Este libro ha dedicado algo de tiempo a hablar sobre lo que debes hacer con tu lenguaje corporal para asegurarte de que otras personas sepan de qué está hablando y de que no estés dando el mensaje equivocado cuando estás tratando de hablar sobre algo que es importante. Por ejemplo, si estás tratando de hacer un gran trato con un nuevo cliente, querrá darles el saludo correcto y mantener un buen contacto visual durante la conversación para asegurarte de que entiendan que tu estás realmente interesado en lo que les interesa. Si bien hubo una discusión sobre las diferencias en el lenguaje corporal entre diferentes culturas, esto es más para mostrar el poder del lenguaje corporal, cómo vas a decir algo diferente en cada país y para ayudarte a comprender que tu lenguaje corporal va a ser leído de muchas maneras diferentes.

Ahora que comprendes un poco más sobre los tipos de lenguaje corporal que debes utilizar en tu vida diaria, puede ser útil saber qué gestos y movimientos debes tratar de evitar. Nunca es una buena idea usar algunos de estos, ya que te harán parecer poco profesional, como si no pertenecieras o que simplemente seas grosero o desinteresado. Este capítulo analizará algunos de los lenguajes corporales incorrectos que podrías estar utilizando en tu vida, con suerte sin darte cuenta, para que puedas comenzar en el camino correcto para mejorar tu lenguaje corporal y lograr que funcione para ti.

No mires hacia abajo: lo primero que debes recordar cuando tengas una conversación con otra persona o con un grupo de personas es que nunca debes mirar hacia abajo ni siquiera a la audiencia. Si bien puedes encontrar que es normal realizar múltiples tareas en muchos otros aspectos de su vida, nunca debes perder el contacto visual con la persona con la que estás hablando. El contacto visual directo te ayudará a conectarte con las personas que te rodean e incluso puede aumentar sus sentimientos de simpatía y confianza. No importa si estás dando un discurso largo o si está pidiendo un café, asegúrese de no mirar hacia abajo mientras hablas con otra persona.

No te acerques a tus manos: este es un hábito que puede ser realmente fácil de hacer sin siquiera darse cuenta. Vas a juntar las manos o incluso a moverte con ellas cuando te pongas nervioso o tengas prisa o simplemente porque estás acostumbrado a hacer esto. Nunca debes moverte con las manos cuando estás hablando con otra persona, ya que a menudo esto te distrae mucho y puedes parecer que tienes otras cosas que hacer o que no te estás concentrando. Otras cosas que debes tratar de evitar incluyen la selección de cutículas, el chasquido de los nudillos o las palmas. En su mayor parte, a menos que estés utilizando sus manos para señalar algo que está en su presentación o esté realizando algún otro movimiento deliberado, es mejor mantener tus manos quietas y de lado para evitar este problema.

No gesticule en exceso: este puede parecer obvio. Si gesticulas en exceso, puedes hacerte ver tonto. Mantén tus brazos quietos, no muevas demasiado sus pies y no hagas movimientos exagerados mientras se te habla.

Nunca te veas desordenado: una de las peores cosas que puedes hacer es entablar una conversación importante y parecer que no perteneces o que simplemente no te importa. Por supuesto, si te reúnes con alguien cuando sales a correr por la mañana, es poco probable que se vea lo mejor posible, pero para cualquier conversación que estés planeando con anticipación, debes asegurarte de que estés luciendo tan limpio y agradable como sea posible en lugar de caminar como si acabaras de salir de la cama.

Debes asegurarte de que te ves limpio y organizado. Ten cuidado de vestirte adecuadamente para el ambiente en el que vas a estar. Esto significaría que usarías un traje si vas a una presentación formal de negocios, pero puedes vestirte un poco más de manera informal si vas a algo que no sea tan formal.

No mires hacia otro lado: cuando estás conversando con otra persona, no es una buena idea alejarse de él o ella mientras están hablando. Nadie va a querer mirar el costado de tu cara y esta postura a menudo hará que sea aún más difícil escuchar las cosas que él / ella está tratando de decir. Además, si te alejas de alguien en una de tus conversaciones habituales, la otra persona puede sentir que lo estás ignorando y que ese comportamiento te puede insultar. A menos que estés caminando o alejándote para agarrar un objeto que la otra persona necesita, asegúrate de estar frente a ellos lo más posible para demostrar que está interesado en ellos y que realmente estásprestando atención a las cosas que están tratando de decirte.

No te veas apurado: ¿Alguna vez haz estado en una conversación con alguien que parece tener prisa? Hablarán muy rápido, pasarán por alto cualquiera de las preguntas que tengas que hacer y no le darán el tiempo que mereces o necesitas para responder tus preguntas. Siempre debes de asegurarte de tener suficiente tiempo para hablar con alguien antes de comenzar la conversación. Si te das cuenta de que no tienes el tiempo necesario para prestar toda tu atención durante el tiempo adecuado, es mejor tomarse unos minutos y solicitar que programen una cita para hablar contigo más tarde cuando seas capaz de pasar más tiempo con ellos. Quedarte sin tiempo para hablar con la otra persona les hará sentir que no son tan importantes para ti y eso es una parte vital de la comunicación.

No te rías: esto debería ser fácil de recordar, pero es sorprendente la cantidad de personas que lo podrían olvidar. Una risa es un ruido que te hará parecer tonto o como si te estuvieras riendo de la otra persona con la que estás hablando. Tu objetivo es hacer que la otra persona sienta que realmente los valoras y al igual que sus opiniones, y si te estás riendo de ellos o haciendo cosas como reír, no sentirás que estas dos cosas están sucediendo. La gente no quiere verte payasear cuando estás hablando con ellos, así que mantén este tipo de acciones al mínimo.

Nunca ponga los ojos en blanco: hacer rodar los ojos es una de las peores cosas que puede hacer cuando hablas con otra persona. Esta es una de las maneras más rápidas de molestarlos y demostrar que estás molesto con ellos sin tener que decirles sin usar palabras. Es posible que descubras que estás distrayendo a tu audiencia o incluso demostrando que sientes algo de desprecio hacia ellos al usar este gesto.

Hay muchos diferentes tipos de lenguaje corporal que puedes utilizar en tu vida diaria para ayudar a retratar los significados que deseas que otras personas reconozcan. A menudo, solo hablar con los demás no será suficiente para demostrar que eres serio con respecto a algo o que eres sincero con lo que estás diciendo. A menudo, tendrás que dar un paso adelante y demostrar que eres serio por la acción que estás tomando con tu cuerpo. La mayoría de las personas buscarán todas las cosas que deberían estar haciendo con su cuerpo para asegurarse de que el mensaje correcto se transmita a la persona correcta. Pero hay otro paso que deberás vigilar si deseas obtener los mejores resultados. Eso es vigilar el lenguaje corporal incorrecto que entra en la conversación. Esto incluiría muchas de las cosas de las que se habló anteriormente que podrían estar dañando el mensaje o la conversación que estás intentando enviar al mundo. Asegúrate de utilizar la combinación correcta de buen lenguaje corporal con la combinación correcta de palabras y que tu lenguaje corporal mezcle con tu lenguaje verbal, de modo que las personas que te rodean te vean como honesto, interesado y respetuoso.

Capítulo 12

La Ciencia del Lenguaje Corporal

Durante siglos, la raza humana ha estado observando y hablando sobre el lenguaje corporal de alguna manera, figura o forma, desde los griegos y romanos. El tema aparece en todo tipo de lugares, incluido el estudio de psiquiatría, sociología, incluso en danza y drama. El primer estudio serio sobre el lenguaje corporal se remonta a los años 1950 y 1960, cuando se convirtió en un tema "candente" de discusión e investigación. Desde entonces, hemos aprendido mucho sobre el lenguaje corporal y se ha convertido en un área de investigación científica importante.

A lo largo de los años, distintos investigadores han desarrollado diferentes definiciones del lenguaje corporal, la mayoría de las cuales evolucionan con el tiempo y continúan siendo revisadas a medida que se realizan más investigaciones. En los días anteriores, existía una amplia creencia de que el lenguaje corporal consistía en no más que unas pocas acciones individuales, cada una con un significado diferente.

Sin embargo, a medida que el tiempo avanza, más investigaciones muestran que el lenguaje corporal es de hecho una ciencia compleja y, hasta el día de hoy, la definición de las diferencias en la comunicación verbal y no verbal sigue siendo un área de discusión y desacuerdo entre varios investigadores y científicos. Independientemente de esto, una cosa no puede ser discutida: el lenguaje corporal es poderoso y es una parte integral de la forma en que nos comunicamos en todas las áreas de nuestras vidas.

Se ha obtenido una gran cantidad de información a lo largo de los años a través de estudios controlados e investigación científica, pero, para quienes no son científicos, las aplicaciones prácticas del lenguaje corporal producen información más importante. En otras palabras, hay mucho interés en cómo el lenguaje corporal afecta la comunicación y, si bien las personas quieren saber cómo leer el lenguaje corporal, también quieren saber cómo aplicar esto en sus vidas diarias.

Hay una gran cantidad de información sobre el lenguaje corporal, desde libros, seminarios, conferencias y otros recursos, todo orientado a ayudarnos a entender el lenguaje corporal y cómo aplicarlo para el mejor efecto. Algunos de estos recursos son buenos, mientras que otros son quizás más suposiciones que basados en investigaciones y estudios sólidos.

Lo más importante que todos debemos entender es que, en el lenguaje corporal, tanto las comunicaciones verbales como las no verbales están entrelazadas. No pueden separarse porque, para hacerlo, eliminaría gran parte del significado. Con este fin, la ciencia del lenguaje corporal se concentra en encontrar más formas de interpretar el lenguaje corporal con el enfoque principal en el contexto y el medio ambiente.

Lo que esto significa para ti

Lo que esto significa de manera efectiva es que, sin importar cuánto estudies el lenguaje corporal, no importa cuánto leas, o veas, nunca entenderás todo lo que hay que saber sobre el tema del lenguaje corporal porque todos seguimos aprendiendo y sintiendo nuestro camino a través de la ciencia y todos los estudios e investigaciones. Sin embargo, esto no significa que no puedas aprender a interpretar el lenguaje corporal, solo significa que debes estar preparado para revisar tu aprendizaje de manera regular.

Por todos los medios, lee todo lo que puedas, mira todo lo que puedas. Estudia personas; ve cómo reaccionan en diferentes situaciones y qué dicen sus cuerpos en comparación con lo que están verbalizando. Estúdialo desde una perspectiva real y científica, y observa todo. Esto incluye tu propio lenguaje corporal: prepárate para sorprenderte con los mensajes inconscientes que puedes estar enviando.

Por último, recuerda que esto nunca

puede ser una ciencia exacta, ya que está evolucionando demasiado rápido. Nunca podrás establecer reglas estrictas sobre los tipos de acciones y gestos que usas en ciertas situaciones como lenguaje corporal para depender de una situación de dar y recibir entre dos o más personas a medida que interactúan, enviando y recibiendo mensajes, respondiendo a ellos.

Adelante, aprende todo lo que puedas y conviértete en el mejor estudiante que puedas ser en el lenguaje corporal, pero prepárate para cambiar tu forma de pensar, la forma en que ves las cosas. Y, ten en cuenta que incluso alguien que es altamente observador puede malinterpretar una señal, un gesto o una expresión.

Capítulo 13

Cinco Mitos Del Lenguaje Corporal Descubiertos

El lenguaje corporal es un lenguaje universal, pero no siempre se puede decir lo que alguien está pensando. Aquí observamos cinco de los mitos más comunes del lenguaje corporal completamente reventados:

El lenguaje corporal es 93% Comunicación

El Dr. Albert Mehabrian realizó un estudio clásico sobre el lenguaje corporal y una famosa cita errónea de su estudio es que "el impacto total de un mensaje se basa en: 7% de las palabras utilizadas, 38% de tono de voz, volumen, velocidad del habla, tono vocal; 55% de expresiones faciales, gestos con las manos, posturas y otras formas de lenguaje corporal ". Sin embargo, lo que nunca dijo una vez fue que podías sentarte a través de una película extranjera y adivinar qué contenido del 93% era exactamente solo con ver el lenguaje corporal utilizado.

ÉL basó sus estudios en cómo se comunican las emociones, en particular, gustar y disgustar. El lenguaje corporal por sí solo nunca emitirá el 93% de un mensaje, pero mostrará cuáles son las emociones, los sentimientos y los motivos subyacentes. La mayoría del contenido emocional, de cualquier conversación o mensaje, se mide en señales no verbales, no en palabras habladas.

Los mentirosos nunca hacen contacto visual

Este es uno de los mitos más grandes sobre el lenguaje corporal. Que la gente le diga que un mentiroso nunca hará contacto visual y, si bien esto puede ser cierto para algunos, especialmente para los niños, ciertamente no es verdad para todos los mentirosos. Algunas personas simplemente no pueden mirarte a los ojos mientras mienten, mientras que otras, por lo general las que son descaradas, harán todo lo posible para demostrar que no mienten al compensar en exceso y mantener el contacto visual durante demasiado tiempo.

Hay una señal que indica que una persona no está siendo muy sincera y sí significa que rompe el contacto visual: algunos mentirosos desvían la mirada, generalmente hacia abajo, inmediatamente después de decir una mentira y luego miran hacia atrás para ver si los han atrapado o les han creído.

Los brazos cruzados SIEMPRE significan resistencia

Como regla general, alguien que ha cruzado los brazos por lo general muestra algún tipo de resistencia, especialmente si adopta esa postura después de que les hayas dicho algo bastante tenso. Sin embargo, los brazos cruzados también pueden significar una serie de otras cosas o podrían no significar nada, y eso depende completamente de la situación.

Tome una audiencia en un espectáculo o una conferencia, por ejemplo. Tal vez esperaría verlos con los brazos cruzados, especialmente si están sentados en la primera fila. Esto se debe a que no hay nada delante de ellos y sus brazos suelen cruzarse para crear una barrera, al menos hasta que conozcan al hablante y se sientan capaces de bajar sus brazos y su guardia. Lo mismo ocurre generalmente con una persona sentada en una silla que no tiene reposabrazos; sin nada en que apoyarse, la probabilidad de que sus brazos se crucen es mayor. Y, muchas personas, cuando están inmersas en sus pensamientos, o en pasear de un lado a otro, también tienden a cruzar los brazos. También podría ser la posición más cómoda para una persona. Sin embargo, no importa cuál sea la razón por la que se cruza de brazos, espere que la gente asuma que ha tomado una posición de resistencia o que es inaccesible.

La dirección de tus ojos está directamente relacionada con la mentira

Al igual que con el mito del contacto visual, la dirección de los ojos de una persona también se considera una indicación de mentiroso. La idea es que, si una persona mira hacia la derecha, está mintiendo, mientras que mirar hacia la izquierda indica que, de hecho, le está diciendo la verdad. Esto ahora se ha demostrado, a través de investigaciones recientes, que es falso. La Universidad de Edimburgo llevó a cabo tres estudios diferentes y todos mostraron que no existe una relación entre la orientación ocular y la mentira.

De hecho, estudios posteriores demostraron que, para saber si alguien estaba mintiendo, estaría mejor, al ver a cada persona como un individuo y al mismo tiempo juzgar otras señales del lenguaje corporal. En la universidad de Buffalo, se diseñó un método de detección de mentiras basado en computadora que rastreaba la velocidad de parpadeo y el movimiento ocular. Al emplear una técnica basada en estadísticas, fue capaz de detectar engaños en más del 80% de los casos. El sistema detecta cómo las personas mueven sus ojos durante una conversación normal y, al mismo tiempo, tratan de responder una pregunta que está diseñada para atraparlos y hacer que mientan. El sistema determinó que las personas que cambiaron los movimientos de los ojos entre los dos grupos de preguntas tenían más probabilidades de mentir, mientras que las que mantenían los movimientos de los ojos de la misma manera decían la verdad.

El lenguaje corporal no es una forma auténtica de hacer una impresión positiva

Este es un mito común y suele provenir de personas que pasan horas creando, ensayando y revisando lo que necesitan decir para crear una impresión positiva en una reunión, negociación o conferencia. No concentran ningún esfuerzo en lo que dice su lenguaje corporal, a pesar del hecho de que se están comunicando en dos niveles: verbal y no verbal. El resultado de esto es que, mientras dices una cosa, tu cuerpo puede estar diciendo algo muy diferente. ¿Sabía que en una reunión o discusión típica de media hora, dos personas pueden enviar más de 800 señales no verbales y eso cuenta más una historia que cualquier otra señal verbal que pueda dar?

Capítulo 14
Evitar Errores de Interpretación

El lenguaje corporal es complicado. Es fácil malinterpretar las señales de alguien si no eres lo suficientemente cuidadoso. Mantén yus interpretaciones lo más precisas posible considerando lo siguiente en tu análisis:

Grupos de Lenguaje Corporal

Las señales del lenguaje corporal genuino a menudo vienen en grupos que coinciden entre sí. Evita el error de enfocarte en un gesto y excluir el resto. El significado que se obtiene de una señal en particular debe ser confirmado por otras cosas. Recuerda siempre que un gesto puede tener varios significados diferentes, y solo sabrás cuál es cuál si miras el panorama general.

Gatillos

Las personas reaccionan a algo que ocurre en su entorno o dentro de ellos. Antes de explicar el comportamiento de alguien, piensa en lo que puede haberlo causado. Presta atención a lo que está sucediendo actualmente y recuerda lo que ocurrió justo antes de que apareciera una señal. Por ejemplo, podría confundir que una persona que se cruza de brazos está señalando su desaprobación hacia usted. Si nota el entorno, puede sentir que una brisa fresca ha causado el gesto.

Transiciones

El lenguaje corporal suele ser congruente entre sí. Los cambios pueden significar lo siguiente:
• La persona está experimentando malestar.
• La persona ha cambiado de opinión.
• La persona ha tomado una decisión.
• La persona está guardando un secreto.
• La persona está siendo deshonesta.

Piense en lo que podría haber causado el

cambio en el lenguaje corporal. ¿Es porque la has ofendido? ¿Se muestra fuerte a divulgar cierta información? ¿Se ha convencido esta persona de lo que estás tratando de decir? Revisar las otras señales te dirá la respuesta.

Personalidad

La naturaleza de una persona afectará su lenguaje corporal. ¿Es tu objetivo el tipo tímido o una persona arrogante? Considera cómo actúa un tipo de personalidad en particular y luego compara esto con lo que estás viendo. Es mejor si has observado tu objetivo varias veces antes para tener una idea de lo que significan sus gestos, y también te darás cuenta cada vez que haga algo fuera de lo normal.

Contexto

Debes considerar la cultura, la situación y el entorno antes de juzgar el lenguaje corporal de una persona. Por ejemplo, un ambiente lleno de gente obliga a las personas a estar más juntas, lo que no significa que sean agresivos entre sí. El clima frío puede provocar el cruce de brazos, que puede ser malinterpretado por alguien que no sabe qué tan frío es (como cuando una persona solo ve una imagen del evento en lugar de estar allí). Sacudir la cabeza puede significar un acuerdo en ciertas partes del mundo; asegúrese de conocer estas peculiaridades culturales antes de hacer esas interpretaciones.

Salud

Las condiciones médicas de una persona pueden afectar su postura y sus gestos. Las deformidades de la columna vertebral y la fatiga crónica pueden causar un lenguaje corporal cerrado. La inquietud puede ser causada por el TDAH, los desequilibrios hormonales y el estrés. Las pupilas dilatadas de los ojos se pueden confundir con la atracción sexual cuando en realidad es el resultado de un medicamento. Sepa lo siguiente antes de sacar conclusiones:

- El estado emocional de la persona (como se observa en los grupos de lenguaje corporal, tono de voz, palabras habladas y situación).
- La salud general de la persona (tenga en cuenta la edad de la persona).
- Las condiciones médicas de la persona (recuerde si su objetivo ha mencionado enfermedades o discapacidades).
- Los medicamentos de la persona (los medicamentos pueden causar efectos secundarios, como somnolencia o agitación).
- El nivel de energía de la persona (si ha corrido una maratón anteriormente, espere que muestre signos de fatiga, no los considere aburridos)

Conclusión

¡Gracias nuevamente por descargar este libro!

Espero que este libro haya podido ayudarte a comprender la importancia de aprender el lenguaje corporal. Cuando gran parte de nuestra comunicación ocurre en este idioma, simplemente no tiene sentido ignorarlo. Aprender el lenguaje corporal te hará un mejor oyente y un mejor comunicador en general. También serás bueno para juzgar cuando alguien esté siendo deshonesto. Esto realmente lo ayudará a confiar más en las personas porque cuando confía en su capacidad para atrapar a cualquier persona deshonesta, puede comenzar a confiar más en las personas honestas.

Con solo leer este libro, ha mejorado su lenguaje corporal porque ahora está consciente de la mayoría de los gestos y posturas importantes. Una vez que comiences a observar estos gestos en otros, y pases el tiempo regular practicando el lenguaje corporal, serás muy bueno leyendo a la gente.

¿Alguna vez te has preguntado cómo esos psíquicos y adivinos pueden saber tanto sobre nosotros? No es porque tengan un super poder, sino más bien porque dominan el arte de leer el lenguaje corporal. Nos leen como un libro y toman conjeturas altamente informadas sobre nuestras vidas. Cuando la mayoría de esas conjeturas resultan ser correctas, nos sentimos sorprendidos pero en realidad dejamos el juego a través de nuestro lenguaje corporal.

Las mismas habilidades pueden ser desarrolladas por cualquier persona. Sin embargo, no tienes que empezar a iluminar la luna como psíquico una vez que aprendas el lenguaje corporal. Puede usarlo solo en su vida diaria y mejorar enormemente todos los aspectos de su vida.

El siguiente paso es practicar lo que has

aprendido en este libro y aplicarlo en tu vida.

Parte 2

Introducción

Quiero agradecerte y felicitarte por descargar el libro.

Este tipo contiene pasos y estrategias probadas sobre cómo usa tu lenguaje corporal en diferentes tipos de situaciones

Este libro digital te enseñará lo básico acerca del lenguaje corporal. Se explicará las "señales físicas" que las personas realizan en ciertas situaciones. Al leer y/o usar estas señales, podrás aumentar tu atractivo personal. También te proveerá de consejos, trucos y estrategias de cómo aplicar el lenguaje corporal en tu vida diaria.

Por último, este material te enseñará a cómo usar el lenguaje corporal durante una negociación, una presentación de ventas, o una entrevista de trabajo, y por lo tanto te permitirá sobresalir de la multitud. Leyendo este libro y aplicando la información que aquí te proporcionamos, te convertirás en un experto en el arte y ciencia del lenguaje corporal.

Gracias otra vez por descargar este material, ¡Espero que lo disfrutes!

Capítulo 1 - ¿Cómo leer las "señales" de las otras personas?

Usas el lenguaje corporal a diario. Lo usas para comunicar tu mensaje, obtener respuestas de otras personas y alcanzar tus objetivos, Has estado usando este lenguaje desde que eras un niño, aunque no te hayas dado cuenta. Adicionalmente, no es como el "típico lenguaje" que conoces, ya que el lenguaje corporal involucra todo tu cuerpo para enviar mensajes a otras personas.

Los psicólogos alaban el poder del lenguaje corporal, Al usarlo puedes decodificar los pensamientos internos y/o las emociones de los demás sin siquiera escuchar las palabras que dicen, Además tienes la habilidad de ajustar tu comportamiento basada en la situación en la que te encuentres. Tendrás mejores oportunidades de que otras personas crean y confíen en ti. En pocas palabras, el lenguaje corporal puede hacer cosas que las palabras no.

En esta sección del libro aprenderás acerca

de las diferentes "señales corporales" mostradas por los individuos en varias situaciones

Mostrando Interés

Necesitas saber si la gente se preocupa por lo que haces o dices. Sin conocimiento, podrías estar desperdiciando el tiempo tratando de convencer a las personas equivocadas.

Asumiremos que estás enseñándole matemáticas a niños de 9 años de edad. Te gustan las matemáticas, así que, crees que los estudiantes a quienes están enseñando tienen los mismos sentimientos hacia el estudio. No obstante, ¿estás seguro que ellos están interesados? ¿Tienes las correctas técnicas de enseñanza y las habilidades de comunicación para captar el interés de los estudiantes? Si no puedes leer las señales corporales, no sabrás cómo tus alumnos se adaptan a tus lecciones.

Si no puedes determinar si sus rostros paralizados indican aburrimiento o concentración, tendrás problemas en ajustarte a las necesidades de tus estudiantes.

A las personas "interesadas" (Individuos a quienes les importa lo que haces o dices) exhiben los siguientes movimientos en sus cuerpos:

- Mirarán a los ojos durante la conversación o presentación.
- Inclinarán sus cabezas hacia adelante
- Asentirán con la cabeza cuando usted diga algo con lo que están de acuerdo.
- Apuntarán con sus pies hacia tu dirección.
- Sonreirán múltiples veces, sin embargo, las sonrisas pueden significar diferentes cosas, Las sonrisas oblongas no son reales, representan respeto mas no alegría o amistad. Las personas halan sus labios hacia atrás, formando una sonrisa "oblonga". Este es el tipo de sonrisa que realizas cuando tu jefe cuenta un chiste malo. Muchos de nosotros nos podemos identificar con esto.

Mostrando receptividad a las ideas

Durante tus tempranos años en este

mundo probablemente habrás tratado de decodificar las reacciones de tus padres basados en sus expresiones faciales. Cuando fruncían en entrecejo sabías que ellos no te iban a comprar ese juguete nuevo con el que habías estado soñando. Cuando ellos sonreían, sin embargo, tu comenzabas a saltar aun si ellos no hubieran dicho la palabra "Si".

Ahora que te has vuelto más maduro (con suerte), detectar si las personas están de acuerdo contigo se ha vuelto algo imperativo. Esta habilidad es extremadamente importante para los empleados, negociadores y amantes.

Hay algunas señales que muestran la receptividad de un individuo hacia tus ideas. He aquí algunas de ellas:

- Si hay una mesa frente a él, mostrará sus manos puestas en la mesa.
- Mostrará la palma de sus manos.
- Acariciará su barbilla mientras piensa.
- Inclinará su cuerpo hacia adelante.
- Asentirá con su cabeza.
- Sus piernas estarán separadas.
- Sonreirá a menudo.

- Desabotonará su chaqueta (si lleva puesta una) Este gesto representa amistad y deseo de aceptar tus ideas.
- Él pondrá una mano en su pecho, Este acto representa honestidad, sinceridad y receptividad. Una mujer, sin embargo, pondrá las manos en su pecho cuando esté sorprendida.

Señales de contemplación

"Pensar" es un proceso que nunca termina. Sin embargo, las personas realizan varios movimientos corporales de acuerdo al tipo y magnitud de los procesos de pensamiento que ocurren en su mente. He aquí algunos de esos movimientos:

- Acariciar la barbilla - Las personas hacen este movimiento cuando evalúan los pro y contras de las ideas que has presentado.
- Quitarse los anteojos y (1) limpiarlos, o (2) llevarse a la boca alguna de las patillas de los mismos. Este gesto significa que la persona necesita tiempo para analizar la presentación. Si se lleva a la boca la montura, puede que él requiera más detalles acerca de

lo que le planteas.
- Cerrar los ojos y frotar el puente nasal. Si una persona realiza este gesto, se interpretaría como que está realizando un profundo análisis. Puede que se encuentre en una situación complicada en donde las consecuencias de la decisión que tome sean serias.
- Apoyar la barbilla en la palma de una de las manos; el dedo índice extendiéndose en la mejilla y los otros dedos se encuentran debajo de la boca. Con este gesto, la persona está antagonizando o criticando a quien esté escuchando.
- Caminar alrededor mientras sus manos permanecen detrás de él. Este tipo de gestos indican que la persona puede tener serios problemas. Adicionalmente, indica que está en la búsqueda de posibles soluciones a los mismos.

Señales de Decepción:

Las personas realizan ciertos movimientos corporales para mostrar su decepción o desaprobación. Por ejemplo, un

entrenador de la NBA cuyo equipo fue vencido en las Finales puede permanecer quieto mientras sacude su cabeza. La siguiente lista muestras algunas de las señales que una persona puede mostrar cuando está decepcionado:
- Chasqueará su lengua varias veces (escuchándose un sonido parecido a "tsk").
- Pateará el piso, el aire o al polvo.
- Se rascará su nuca o su cabeza.

Señales de ser orientado a la meta o la acción

Puedes identificar si una persona está motivada y orientada a la meta con solo observar cómo habla. No obstante, hay que recordar lo que dicen los mayores "las acciones hablan más que las palabras". Aquí mostramos aluna señales que debes observar:
- Camina rápidamente y balancea sus brazos libremente.
- Se para con sus piernas separadas. Puede también que ponga sus manos en su cintura.

Señales de estar a la defensiva o en

reserva
Cuando se esconde un secreto, fácilmente se puede mantener la boca cerrada. Sin embargo, el cuerpo usualmente emite señales cuando se esconde algo de los demás. Aquí hay algunos ejemplos:
- Mantener las manos en los bolsillos mientras caminas alrededor.
- Cruzar los brazos.
- La persona evita cruzar su mirada con los demás tanto como sea posible.

Señales de aburrimiento
Es muy probable que hayas asistido a una reunión obligatoria en la que una persona importante realizó una presentación. Golpeaste el piso repetidamente con tus pies, tamborileaste tus dedos y pulsaste el bolígrafo mientras el presentador seguía hablando sobre cosas que realmente no te importaban. Después de la presentación, el presentador te preguntaba (y al resto de los presentes) si disfrutaron la presentación. Escondes tu bolígrafo, sonríes y exclamas "¡Si!". Todas tus acciones mostraron tu aburrimiento. Afortunadamente para ti, el presentador

no supo cómo leer tu lenguaje corporal.

Las personas cuando están aburridas o desinteresadas muestran los siguientes signos:

- Miran fijamente (sin pestañear). Puede que también miren alrededor en varias ocasiones.
- Apoyan su cabeza en la palma de sus manos.
- Pulsan continuamente un bolígrafo.
- Bostezan repetidamente.
- Golpean ligeramente con sus pies o manos.
- Halarse las orejas ligeramente. Esta acción también significa que la persona quiere interrumpir a quien habla.
- Sus cuerpos (generalmente sus pies) apuntan hacia la salida más próxima. Esto demuestra la prontitud de las personas por irse lo antes posible.
- Se mueven constantemente. Esta señal puede ser confusa. Puede significar que la persona solo está incómoda con la situación (o que tal vez necesite ir al baño)

Nota Importante: Si usted es el

presentador y su público muestran estas acciones mostradas anteriormente, por favor no alce su voz ni hable más rápido. En lugar de eso, pregúnteles qué ocurre. Establezca una conexión ya que en la mayoría de los casos usted sabrá qué causa ese aburrimiento.

Señales de Interés y Emoción

Las personas realizan ciertas acciones cuando algo bueno ocurre. Por ejemplo, si eres promovido o recibes un regalo extraordinario probablemente muestres inconscientemente algunas de estas señales:

- Frotan las palmas de sus manos.
- Aplauden.
- Inclinan su cabeza hacia adelante.
- Cruzan sus dedos (esperando a que algo muy bueno ocurra).

Señales de Poder, Confianza, Autoridad

Si eres confiado, tus oportunidades de ser exitoso son mayores que las de aquellos con baja autoestima. Además, las personas confiadas obtienen una ventaja significante haciendo que los demás se sientan inferiores. ¿Cómo lo hacen?

- Miran a los ojos de otras personas y rara vez miran las partes del cuerpo debajo de la nariz de los demás.
- Inclinan hacia arriba la barbilla.
- Sacan el pecho.
- Su voz es usada a un ritmo, tono e inflexión bajos cuando conversan.
- Mantienen una postura firme y erecta en todo momento.
- Tienen sus manos agarradas detrás de ellos.
- Sus manos se posan sobre sus caderas.
- Colocan los pies sobre la mesa (demasiada confianza)
- Apoyan su cabeza con las manos cruzadas mientras se inclinan hacia atrás.
- No dudan. Sus movimientos muestras confianza y precisión.
- Balancean sus brazos mientras caminan.
- Presionan juntas las puntas de sus dedos (Ejemplo:El pulgar derecho con el izquierdo, el índice derecho presiona con el izquierdo, etcétera) Las palmas de las manos están separadas.

Adelante, intenta experimentar con estos. Notarás cambios en la forma que las personas hablan contigo.

Señales de Resistencia

Usualmente las personas hacen lo mejor posible para no mostrar su enfado. Restringen sus emociones tanto como sea posible, por lo tanto, es necesario identificar los gestos que demuestren ira o resistencia. Después de dominar esta habilidad, podrás minimizar posibilidades de peleas y conflictos. Aquí te mostramos las señales que debes buscar:

- Apretar los puños.
- Golpear contantemente con los pies o manos los objetos cercanos.
- Una de las manos agarra la otra mano, brazo o codo.
- Cruzar los brazos.
- Pestañear constantemente.
- Tirar del cuello.
- Patear el aire o el suelo.
- Agarrarse al borde de la mesa.

Señales de Nerviosismo

Esto es especialmente importante: No

puedes dejar que las demás personas sepan que estás nervioso. Es por eso que necesitas monitorear todos tus movimientos, especialmente cuando estás en una audición para un rol principal en una película de Hollywood (Puede ocurrir, ¿no?). Aquellos quienes están nerviosos realizan los siguientes gestos:

- Apretar los puños.
- Golpear contantemente con los pies o manos los objetos cercanos.
- Presionar juntas sus manos, como si estuvieses orando.
- Su voz es acelerada, aguda y con tartamudeo.
- Luchan por esconder su nerviosismo silbando.
- Aclara la garganta en repetidas ocasiones.
- Colocan sus brazos detrás de ellos; una mano sujeta el otro brazo la muñeca.
- Cruzar los brazos y agarrar los bíceps.
- Cruzar las piernas mientras están de pie.
- Evitar el contacto visual.
- El apretón de mano es débil y con la

palma de la mano hacia arriba.
- Cruzar los tobillos.

Señales de Duda

Es difícil saber si las personas lo consideran a usted como un individuo en el que se puede confiar. Las personas que tienen dudas o sospechas muestran las siguientes señales:

- Lanzan miradas rápidas, fugaces y sigilosas.
- Frotarse o tocarse las orejas y los ojos.
- Meter las manos en los bolsillos.
- Cruzar los brazos.
- Bajar los anteojos por el puente de la nariz y examinar de cerca mirando por encima del marco de los anteojos.

Nota Importante: Una persona que duda de sí mismo se toca la nariz. Este gesto involuntario ocurre cuando una persona tiene problemas contestando una pregunta importante o cuando está preocupado por la reacción de otras personas.

Señales de Orgullo

Cuando estás orgulloso de tus posesiones materiales (Por ejemplo: un nuevo BMW

Roadster) usualmente lo tocas o te inclinas en el objeto. Los ojos brillan cuando se habla de esa posesión. Además, las personas pueden notar fácilmente la emoción en la voz del propietario.

Señales mostradas por un mentiroso

Los seres humanos mienten por diferentes razones. Puedes mentir para ocultar un error vergonzoso, prevenir conflictos con otros, inculcar esperanza o para evadir el discutir asuntos sin importancia. En algunos casos, mentir resulta por cuestiones mentales (Ejemplo: vanidad o desilusión). Cuando una persona miente, mostrará las siguientes señales:

- Su voz es acelerada, aguda y con tartamudeo.
- Traga saliva y aclara su garganta constantemente.
- Evade el contacto ocular. Este comportamiento usualmente ocurre cuando alguien desea evadir un tema en particular.
- Lanza miradas a los lados.
- Sus labios se secan. Tenderá a humedecerse los labios usando la

lengua.
- Parpadea rápidamente.
- Se frota la garganta.
- Toca diferentes partes de su cara (Ejemplo: ojos, nariz, boca, etc.) constantemente, como si intentara cubrirlos.
- Se golpea los pies y las manos.
- Su postura es cerrada y descendente.
- Se encoge de hombros y mantiene la cabeza baja.
- Cambia su postura o ubicación constantemente.

Puedes estar pensando que muchos de estos gestos se repiten en diversas circunstancias, y no es una tarea fácil "leer" a una persona. Sin embargo, ten en cuenta que el contexto es extremadamente importante en cada situación. Una persona que aprieta los puños durante una entrevista de trabajo probablemente esté nerviosa y no intente ocultar su ira. ¿Estamos de acuerdo?

Capítulo 2 – Los fundamentos para "Reflejar".

Digamos que necesitas pasar tiempo con una de estas personas: (1) Tu amigo, que apoya a tu equipo deportivo favorito, le gusta la comida que quieres comer y juega los mismos juegos de computadora a los que eres adicto, o (2) Tu vecino al que no le gustan los deportes, que solo come comida "orgánica" y no sabe cómo usar una computadora. ¿A quién elegirías?

Responder a esta pregunta no toma más de 3 segundos. Por supuesto, preferirías estar con las personas cuyos valores, actitudes y comportamientos sean parecidos a los tuyos.

"Jugadores" o "Gamers" en inglés (Gente que pasa mucho tiempo jugando en juegos de computadora) forman grupos porque tienen algo en común: su pasión por jugar los juegos en computadora. Los fanáticos del baloncesto les encanta hablar entre sí ya que tienen ideas e intereses similares.

Este fenómeno, conocido "reflejar" puede ayudarte a ganar la confianza y el interés de los demás. Si tus características son similares a las de ellos, las personas confiarán en ti y les agradarás. Obviamente, la mejor forma de exhibir ciertas cualidades es utilizando movimientos corporales. He aquí las cosas que necesitarías hacer:

La técnica del Reflejo

Asegúrate que tu discurso, creencias, acciones, valores, postura, gestos, patrón de respiración y expresiones faciales compaginen con los de la(s) persona(s) con quien hablas. Simplemente, necesitas ser como ellos.

Con esta técnica, tendrás grandes oportunidades de adaptarte a sus pensamientos. Calibrando de acuerdo a la situación en la que te encuentras será fácil y sencillo.

No necesitas realmente copiar todas sus acciones (lo cual puede ser extremadamente sospechoso). Sería mejor realizar la técnica de "coincidencia cruzada". Por ejemplo, puede hacer coincidir la velocidad de su habla con la de su respiración. También puedes parpadear cada vez que se rasquen cualquier parte de su cuerpo.

Hazlos sentir que quieres conocerlos mejor. Muéstrales tu curiosidad e interés a través de tus palabras y movimientos corporales. Analiza su comportamiento y actitud. Descubre sus historias. Haciendo esto, notarás lo cómodas que se sentirán y estarán las personas alrededor tuyo.

Reflejar versus Imitar

Reflejar e imitar son dos cosas totalmente diferentes. Cuando se utilice la técnica de reflejo, necesitarás ser cauteloso y cortés. Asegúrate de que la persona con quien conversas no se dé cuenta de esta técnica. El copiar las acciones descuidadamente acarreará resultados negativos. Si te sientas cuando esa persona se siente y frotas tus mejillas cuando ella lo hace, esa persona se sentirá ofendida.

Tu objetivo principal es influir en el subconsciente de esa persona. Si estás usando la técnica del reflejo discretamente su mente se dará cuenta de las similitudes entre tú y ella. Por consiguiente, se sentirá cómoda hablando contigo y aceptando tus ideas. Si esa persona siente que ambos comparten características similares, bajará la guardia.

Coincidir con el estado de ánimo de una persona

Necesitas considerar el estado de ánimo de una persona cuando estás reflejando. Si esa persona tiene problemas personales y/o profesionales, por ningún motivo debes caminar hacia ella sonriendo y diciéndole: "Olvídate de tus problemas. Busquemos unas cervezas y tomemos toda la noche"

Esa persona se encuentra en un mal estado de ánimo. Como ella enfrenta esos problemas, se necesita que alguien muestre empatía hacia ella. Asegúrate que tu disposición sea la misma que la de ella y dile: "Sé cómo te sientes. Si necesitas mi ayuda, solo dímelo". Es en este punto que ella necesita a alguien cuyo estado de ánimo sea similar al suyo.

Nota Importante: No use la técnica de reflejo con una persona que enfrenta inquietudes o preocupaciones emocionales. Si usted se refleja en ella, podría terminar absorbiendo sus pensamientos y emociones. Usted quiere influir en ellas; no permita que las emociones de las otras personas arruinen sus planes. Sea sabio

¿Cómo se establece una buena compenetración?

El propósito principal de la técnica de reflejo es establecer una buena compenetración. Lo que se desea es que la otra persona se sienta cómoda hablando contigo. Deseas hacerla sentir que te ha conocido desde hace años. ¿Cómo puedes establecer esa compenetración?

Usa la técnica de reflejo. Pasado algún tiempo, realice un movimiento corporal sutil (por ejemplo, tocar su mejilla). Sabrás que tuvo éxito si esa persona hizo el mismo movimiento. La hiciste sentir cómoda, tanto que acepta tus sugerencias subconscientemente (por ejemplo, el movimiento del cuerpo que hiciste)

Podrás establecer una compenetración aun si hay gran distancia física entre ustedes. Aquí hay algunas cosas que necesitas hacer:

1. Relajarse. Aparte todos los

pensamientos negativos de su mente y visualice al individuo a quien desea "reflejar"
2. Sentir la relación entre usted y su objetivo. Libere proyecciones positivas para que puedas absorber la personalidad de tu objetivo.
3. Imagina las actividades que tu objetivo probablemente esté haciendo ahora. Luego, refleja sus comportamientos, principios y movimientos corporales.

Podrás usar esta técnica para emular a esas personas que estás buscando. Por ejemplo, si desea ser un exitoso empresario justo como su jefe. Usando la técnica mencionada anteriormente, lograrás ver mejoras rápidas y excelentes en tu rendimiento general.

Capítulo 3 – Negociaciones y el lenguaje corporal

A diario haces negociaciones. Por ejemplo, tu negocias con tu jefe para tener un bien merecido aumento. Interesantemente, el lenguaje corporal juega un importante rol en cada aspecto de una negociación.

El Lenguaje corporal se vuelve crucial cuando se trata de negociaciones comerciales. Al leer los gestos de los demás y ejecutar los movimientos corporales correctos, tendrás "oportunidades ganadoras" en la negociación.

La Fase Inicial

La negociación comienza tan pronto como entras al "área de negociación". Observa el lenguaje corporal de tu(s) contraparte(s). Enfócate en observar pecho, cabeza, manos, pies, piernas y brazos. Además de leer sus signos corporales, esta técnica te ayudará a convertirte en un oyente eficaz.

El Espacio Personal

Durante una negociación, cada individuo establece su espacio personal (también conocido como "territorio"). En las empresas, los "altos mandos" (es decir, los funcionarios de alto rango de la empresa) requieren un amplio espacio personal.

Por ejemplo, el derecho a sentarse en la

"silla dominante" (es decir, la silla en la cabeza de la mesa) simboliza el poder. Puedes contrarrestar la autoridad de la "persona dominante" sentando a tus aliados alrededor de la mesa. Rodee a la parte dominante o busque un arreglo de asientos que le permita ganar más control sobre la discusión.

Primeras Impresiones

Cuando se trata de negociaciones, el movimiento más importante es el primero. Es como si estuvieras jugando al ajedrez. La persona que tiene el primer movimiento tiene la ventaja porque puede realizar el primer ataque. Los movimientos y la estrategia general a utilizar en el juego dependen de la primera jugada realizada en el tablero.

Por lo tanto, debe hacer un primer movimiento que sea firme, lógico y profundamente analizado. Comienza con tu lenguaje corporal. Proyecte positividad y entusiasmo. Por ejemplo, si está en una reunión importante, mire a otras personas a los ojos. Como probablemente haya escuchado antes, los ojos sirven como ventanas para el alma de una persona. Si no puede establecer y / o mantener contacto visual con sus contrapartes, ellos pensarán que está mintiendo u ocultando algo.

Asegúrese de que su apretón de manos sea sólido. Sostenga la mano de la otra persona firmemente. Algunas personas piensan que apretar la mano de la otra persona es genial. Sin embargo, nada puede estar más lejos de la verdad.

Establezca contacto visual y presione la mano de la otra persona una vez. Presionar su mano dos veces significa que estás entusiasmado con la negociación. Presionar la mano de la persona tres o más veces, sin embargo, puede hacer que se sienta incómodo.

Usa tu conocimiento sobre el lenguaje corporal

Mientras negocia, observe los movimientos corporales de las personas involucradas. La primera parte de este libro te enseñó a leer los signos de las personas. Use ese conocimiento para saber si las personas con las que está hablando lo creen, lo dudan o aceptan lo que dijo. Incluso puedes usar el lenguaje corporal para detectar si alguien está mintiendo.

Reconocer y analizar las señales mencionadas anteriormente. Además, debe considerar todas las acciones que realiza. Si exhibe signos de duda, miedo o nerviosismo, sus contrapartes (especialmente aquellos que saben el lenguaje corporal) pueden explotar la situación.

Capítulo 4 – Cómo los vendedores usan el lenguaje corporal

Según los psicólogos, su influencia sobre los demás se basa en las palabras que dice (7 por ciento), la forma en que habla (38 por ciento) y la forma en que mueve su cuerpo (cincuenta y cinco por ciento). Por lo tanto, transmite el 93 por ciento de sus ideas y emociones sin decir lo que quiere decir. Esta declaración también se aplica a las ventas.

Las personas venden ideas, servicios y productos en físico. Si usted desea vender rápida y efectivamente, debe aprovechar el poder del lenguaje corporal.

Cuando vendes algo, puedes usar gestos, posturas, apariencia física y expresiones faciales para cerrar ventas. Casi todos los clientes confían en sus sentidos cuando compran cosas, por lo tanto, debes hacer todo lo posible para influir positivamente en los sentidos de tus clientes.

Mucha gente piensa que la imagen de Apple es positiva. la Compañía Apple utiliza su personalidad corporativa para proyectar una imagen de simplicidad, elegancia, innovación y excelencia técnica. La gente compra no solo los dispositivos ofrecidos por Apple, también compra la imagen y reputación de la compañía.

Además, las personas creen que la

comunicación no verbal está directamente relacionada con la credibilidad de una persona. Mientras menos palabras digas, más creíble eres. La mayoría de las veces, influencias a otros con las palabras que no estás diciendo, y no con las palabras que realmente dices. Las señales que muestras a través de los movimientos del cuerpo indican moralidad, comprensión, compasión y disposición.

Cuando estés vendiendo, tu cliente te analizará tan pronto como te vea. Este análisis tarda unos diez segundos y se basa en la imagen que proyecta. Los primeros segundos de la reunión juegan un papel crucial. Las impresiones que tu cliente hará sobre ti tendrán una gran influencia en el resultado de la transacción.

Las preguntas no verbales que envíe durante la fase inicial de la reunión pueden marcar la diferencia entre el éxito y el fracaso.

Notas importantes

- Los estadounidenses utilizan innumerables señales no verbales. Esta es la razón por la que pueden leer el

lenguaje corporal fácilmente.
- Gracias a sus instintos naturales, las mujeres son más hábiles que los hombres cuando se trata de leer y usar el lenguaje corporal. No es de extrañar que algunas mujeres disfruten de más éxito que los hombres en diferentes campos.
- El lenguaje corporal es "universal". Las personas de todo el mundo usan los mismos movimientos corporales para expresar mensajes. Por ejemplo, una persona asiente con la cabeza cuando acepta una declaración.
- Debes observar estas señales intrincados para descubrir el mensaje real detrás de ellos. Descubrir el mensaje real es tan fácil como analizar patrones. Busque conjuntos de gestos que puedan tener significados idénticos con respecto a las expresiones basadas en palabras y la situación en la que se encuentra.

Las técnicas

Estas son algunas de las cosas que puedes hacer cuando vendes algo:

1. Analiza cómo tu cliente te da la mano. Puede utilizar esta técnica para evaluar la personalidad de un individuo rápidamente. Las personas asertivas dan firmes apretones de manos. Los que tienen poca confianza, sin embargo, dan apretones de manos débiles. Las personas que intentan ganarse su confianza cubrirán el apretón de manos con la otra mano (algunos de ellos pueden sostener su codo). Al estrechar la mano de una persona, sea firme pero no ejerza fuerza de aplastamiento. Su apretón de manos debe expresar profesionalidad, no agresividad.
2. Compruebe la postura de la otra parte. Una persona desinteresada mantiene sus ojos en el suelo y se encoge de hombros. Puede dar una imagen cómoda y segura si se mantiene erguido y distribuye su peso entre los pies.
3. Asegúrate de que tu expresión facial sea genuina. No use lentes de sol: su cliente puede pensar que usted es

sospechoso ya que no puede ver sus ojos. La gente puede saber si estás mintiendo o escondiendo algo con solo mirarte a los ojos. Sin embargo, absténgase de dar miradas penetrantes: esto puede intimidar a su cliente.

4. Usa movimientos de cuerpo abierto mientras haces presentaciones de ventas. Cruzar los brazos puede arruinar la confianza de su cliente. Sería genial hacer movimientos de manos hacia arriba y / o hacia afuera mientras se habla. No sostenga la parte trasera de su cabeza mientras se recuesta en su silla: este gesto emana arrogancia.

5. Nunca apunte con el dedo a su cliente: este gesto puede finalizar la reunión de forma rápida y negativa. Señalar con el dedo a alguien es un gesto "hostil": olvídate de este movimiento corporal mientras hablas con tus clientes.

6. Desabrocha / quita tu chaqueta. Este gesto le dice a su cliente que está preparado para su contraoferta. Póngase las mangas para mostrarle a su

cliente que está preparado para tomar una decisión o aceptar su oferta.

Escenarios típicos

He aquí hay algunas situaciones que puedes encontrar mientras usas el lenguaje corporal para vender:

- Si el cliente cruza los brazos, significa que carece de interés. Usa movimientos corporales positivos para hacer que cambien de postura. No comience el proceso de venta hasta que la persona deshaga el cruce los brazos. Una vez que el cliente abre sus manos y no cruce sus brazos, haga su oferta con claridad y confianza.
- Si su cliente copia los movimientos de su cuerpo, tiene grandes posibilidades de cerrar la venta. Una vez que el cliente imite sus movimientos, indique todos los beneficios y / o características de su oferta.
- Si el cliente se toca la boca, la nariz o los ojos, sus posibilidades de completar la transacción son extremadamente bajas. Tus acciones y / o declaraciones anteriores probablemente lo

desanimaron. Aquí, no tienes que perder la esperanza. Simplemente vuelva a la primera parte del proceso de venta y haga algunos ajustes. Asegúrele a su cliente que obtendrá un trato excelente. Pon tus manos en el pecho varias veces (es decir, para demostrar que es honesto) y mantenga las palmas abiertas. De esta manera, puede establecer un ambiente de venta positivo.

- Monitoree las señales mostradas por su cliente. Si sus movimientos indican interés y / o aceptación, ofrezca su mejor oferta de venta y complete la transacción. El lenguaje corporal de su cliente puede cambiar de negativo a positivo, y viceversa. Muestra tu sinceridad en todas tus palabras y acciones. Haga todo lo que pueda para ganarse la confianza de sus clientes.
- Si la persona se niega a comprar, debe mostrar diplomacia y profesionalidad. Sé sincero mientras estreche la mano y le da las gracias a su cliente. Independientemente de tus

"habilidades de venta", seguramente te encontrarás con clientes que no quieren comprar. Cuando enfrente a este tipo de cliente, finalice su presentación de ventas con energía y entusiasmo. Es posible que esa persona se convierta en un cliente que pague la próxima vez.

Conclusión

¡Gracias de nuevo por descargar este libro! Espero que este libro te haya ayudado a convertirte en un experto en el uso del lenguaje corporal.

El siguiente paso es aplicar las lecciones que ha aprendido en este libro. Con la práctica regular, puedes utilizar esta forma de comunicación para lograr tus objetivos personales y profesionales. Recuerda, tus acciones forman la persona que eres, en el sentido más verdadero.

Finalmente, si disfrutaste de este libro, me gustaría pedirte un favor, ¿serías tan amable de dejar una reseña para este libro? ¡Sería muy apreciado!

¡Gracias y buena suerte!

www.ingramcontent.com/pod-product-compliance
Lightning Source LLC
Chambersburg PA
CBHW052204090526
44583CB00015BA/1316